経済数学入門の入門

田中久稔
Hisatoshi Tanaka

Eurus
Notus
Zephyrus

岩波新書
1707

はじめに

「どうやら経済学では数学を使うらしいぞ」

ということが、近年では広く知られるようになってきました。

けれども、実際にはどのように数学が用いられているのか、どんな数学をどこまで使うのかという点については、まだまだ世間のイメージが追い付いていません。

また、そのあたりの事情をよく知らずに経済学部に入学してきた新一年生が、何に使うのかわからないまま数学を勉強させられているうちに、数学はもちろん、経済学まで嫌いになっていく様子も頻繁に見受けられます。

そこで本書では、経済数学はもちろんのこと、経済学もよく知らないという読者を想定して、経済数学を学ぶと、どんな良いことがあるのかを説明することにしました。経済数学を学ぶことで見えてくる景色を、学びはじめる前から見せてしまうことができれば、経済数学を勉強する意欲が湧いてくるのではないか、という目論見をもって書かれています。

したがって本書は、通常の「経済数学入門」ではなくて、「読者が経済数学に入門する気になる勧誘広告」みたいな本なのです。ですので、この本を読んでもただちに数学が得意にはなりませんが、それでもなんだか数学が勉強したくてたまらなくなる、かもしれません。

あくまでも数学ではなく経済学の本として、本書ではすべての数学を経済学的な考え方に基づいて説明しています。みなさんはこれから、満腹を超えてパンを食べさせられたり、坂を自転車で駆け下ったり、お金が足りなくてぜいたくな暮らしを諦めたり、最貧国の苦闘を応援したりしながら、微分、偏微分、最適化問題、差分方程式、動的計画法など、経済学に登場するさまざまな数学に出会います。とくに、経済数学では最も重要なテーマである最適化問題が中心的なトピックになります。

カバーする範囲は、経済学科の新入生レベルから大学院の修士レベルにまで及びます。当然ながら後半に行くほど数学的には難しくなるわけですが、本書はあくまでも経済学の本として直観的な説明しかしていませんので、心配する必要はありません。

数学的な詳細が気になる読者のためには、「ボックス」という横書きのコラムも用意されていますので、そちらをご覧ください。

数学の細部には興味がない読者は、ボックスを飛ばして読んでください。それでも内容が理解できるように書かれています。とはいえ、たとえば外国の名画を鑑賞するような気持ちで数式を眺めるだけでもご利益があると思います。

本書を読むために必要な経済学の事前知識はありません。数学については高校2年生程度の知識を想定していますが、数学が得意なら中学生でも十分に理解可能だと思います。

以上が、この本のあらましです。それではいよいよ、「経済数学入門の入門」を始めましょう。まずは、そもそもどうして経済学では数学を使うのか、というところから説明したいと思います。頑張って書きましたので、最後の1ページまで、よろしくお付き合いください。

目　次

図版製作　前田茂実

第1章 経済学と数学

なぜ数学を学ぶのか

経済学が数学を必要とする理由について説明します．また，クールノー，ワルラス，サミュエルソンという３人の偉大な数理経済学者の紹介を通じて，経済学に数学が導入されることとなった歴史的な経緯を解説します．

1　実証科学としての経済学

理論分析と実証分析

いまさら言うまでもないことではありますが、経済学では数学を使います。数学は、経済学にとって欠かすことのできない大切な道具です。それでは、どうして経済学は数学を必要とするのか。そのあたりから考えてみることにしましょう。

まずは、左のページの図1-1をご覧ください。

これは、経済学界においてもっとも権威ある学術雑誌のひとつと目されている*American Economic Review*の60号（1970年発行）と107号（2017年発行）に掲載された論文タイトルを、一部抜粋してリストにしたものです。両者を比べると、これがどちらも同じ経済学なのかと疑いたくなるくらいに雰囲気が違います。60号に掲載された論文はどれもなんだか難しそうで、ついでに言えば経済学者以外には興味のなさそうなタイトルばかりです。それに対して107号の論文は、専門家でなくても興味をそそられるようなタイトルが並んでいます。とくに男女平等によって危機に陥る「二流の男性」なんて、とても他人ごとには思えません。

American Economic Review 誌

60号(1970年3月)に掲載された論文タイトル(一部)

- 最適ポートフォリオ選択，投資，および経済成長
- 産業間賃金構造の循環変動
- 企業モデルの幾何学的分析
- 労働移動，失業，および経済発展の2部門モデル分析
- ランダムウォーク仮説の非線形検定

107号(2017年8月)に掲載された論文タイトル(一部)

- 結婚相手の選択と子供への投資，および既婚者が大学へ進むことの利点について
- チームとして働く動機とパフォーマンス：小売りチェーンの分析例
- 男女平等がもたらす二流の男性の危機：理論およびスウェーデンの事例分析
- 高成長をもたらす起業家精神とは何か？ とあるビジネスプランコンテストにおける実験結果
- 多部門競争と市場支配力：スーパーマーケットの価格付けモデル

図1-1　これが同じ経済学なのか??

60号と107号には、パッと見ただけでわかる雰囲気の違いだけでなく、その方法論においても大きな違いがあります。60号に含められた分析の多くは、いわゆる**理論分析**と呼ばれるものです。すなわち、経済現象を数式によってモデル化し、数式を展開することで結論を得ます。経済現象をあくまでも理念的にとらえ、分析を頭の中だけで完結させる安楽椅子探偵スタイルです。

これは、ひと昔前の経済学では王道とされるスタイルではありましたが、しばしば理論的価値観だけに従って、現実から遊離した方向へと全力疾走してしまう傾向がありました。そのためかつては(今もかな?)、経済学を見る世間一般の目には非常に厳しいものがあり、経済学といえば定冠詞付きの「机上の空論」とみなされていたのです。

それに対して、107号の掲載論文の多くは**実証分析**に分類される研究です。これらは実際に観察されたデータを用いて経済モデルの妥当性を検証するスタイルに従って書かれています。理論の質的な完成度を重視することよりも、理論を用いて現実を量的に説明することを目指す、実践的な研究スタイルと言ってもいいでしょう。

このように、データを用いて理論を検証する経済学の一分野を**計量経済学**といいます。計量経済学の発展と、ここ数十年で驚くほど廉価になったコンピュータ、そして質と量に優れた詳細な経済データの整備によって、経済学の主流は理論分析から実証分析へと大きくシフトしたのです。

ここで大急ぎで付言しておきます。私は決して理論分析を批判しているのではなく、むしろ(実証分析よりも?)理論分析が大好きな人間です。図1-1の60号に掲載された論文はどれも古典として高い評価を受けており、とくにハリスとトダロという2人の卓越した経済学者によって書かれた「労働移動、失業、および経済発展の2部門モデル分析」は、私もこれまでに何度も読み返した素晴らしい研究です。「安楽椅子スタイル」とか「机上の空論」とかは、あくまでも経済学に対する当時の一部の批判的な雰囲気を伝えるための言葉であって、私個人はこれに1ミリたりとも与《くみ》するものではありません。

筆者の個人的見解はともかくとして、経済学の潮流は理論から実証へと大きく動いています。そして、結婚や子育て、教育、健康、介護問題、遺産相続に至るまで、人々の生活に密着した、面白そうで重要そうな実証研究の成果が、ニュースや新聞、書籍などのさまざまなメディアを通じて広く知られるようになりました。そのおかげで、かつてにくらべれば経済学に対する世間の評価も随分と温かいものになったように思います。

なぜ数学を使うのか？

データを用いた実証研究が可能であるためには、経済学の理論は、明確に定義され客観的に観察可能な変数を用いて記述されなくてはなりません。「人生楽ありゃ苦もあるさ」とか、「元気があれば何でもできる」のような意味の不明瞭な命題には、どんなデータを対応させて、どんな分析をすればよいのか見当もつきません。そうではなくて、現実に計測できるさまざまな変数のあいだに明確に定義された相互関係、すなわち数式によって記述されることが、実証科学としての経済学には強く求められるのです。

とはいえ、経済学には数学が必須であるという認識が広く世間で共有されるようになったのは、とくに日本国内では案外最近のことかもしれません。筆者が大学生であった1990年代の中頃では、依然として、「経済学に数学は不要である」とか、「数学なんて経済の分析には何の役にも立たない」とか、「そんなに数学を勉強したいのなら数学科に行け」とか、そういう心無いことを言う方々が(大学教員の中にすら)いらっしゃいました。

経済学部のカリキュラムには数学の講義が少ししかなく、理論経済学の講義でもなるべく数学を使わないやり方で授業が行われていました。仕方がないので、それでは飽き足らない一部の学生たちは、空き教室を使って自分たちだけで数学の勉強会をやって飢えを凌いでいました。

べつに弾圧されていたわけではないのですが、気分は隠れキリシタンです。

現在では、数学不要論を唱える教員はどこの大学からもいなくなりました。たいていの大学では経済数学が必修となり、理論経済学の中級・上級クラスでは当たり前のように数学が使われるようになっています。このような変化の理由としては、ひとつには歴史学的なアプローチを重視するマルクス主義経済学の影響力が薄れたということがありますが、それ以上に経済学の実証科学化の影響が大きかったと筆者は考えています。

現在では、経済学は統計学最大の応用分野へと変貌しました。その結果、経済学のいたるところで数学が用いられるようになり、経済学における数学の有益性を疑う声も、めったに聞かれなくなったのです。

2　「数理経済学」の歴史

クールノーの悲劇

経済学の諸分野のなかでも、とくに本格的な数学を用いて研究を行うものを**数理経済学**といいます。字面は経済数学に似ていますが、経済数学が「経済学に用いられる数学を教える科目」という教育用語であるのに対して、数理経済学は「高度な数学を積極的に用いて研究を行う経済学の一分野」のことを意味します。したがって、経済学の学会には、数理経済学のセッションはありますが、経済数学のセッションは存在しません。

史上最初に現れた数理経済学者たちの代表格はアントワーヌ・オーギュスタン・クールノーです。クールノーは1801年にフランスで生まれ、力学・数学で博士号を取得した哲学者にして数学者です。経済学の歴史においてクールノーの名前を不滅のものとしたのは、1838年に出版した偉大なる著作『富の理論の数学的原理に関する研究』(*Recherches sur les principes mathématiques de la théorie des richesses*)でした。

図1-2に、クールノーの『数学的原理』から適当に選んだ1ページを載せています。筆者はフランス語が読めないので何が書いてあるのかさっぱりわかりませんが、ここに書かれている数式から察するに、独占企業の行動が微分計算によって分析されていることはわかります。なぜ数式を見ただけで内容がわかるかというと、クールノーの理論はほとんど原型そのままの形で、現在も世界中の大学で講義されているからです。クールノーが『数学的原理』を出版した1838年、日本はまだ江戸時代であり、第12代将軍徳川家慶の治世下にありました。そんな時代に発表された経済理論が今もなお現役であり続ける理由は、ひとえにクールノーが数学

CHAPITRE V.

Du monopole.

26. Supposons, pour la commodité du langage, qu'un homme se trouve propriétaire d'une source minérale, à laquelle on vient de reconnaître des propriétés salutaires qu'aucune autre ne possède. Il pourrait sans doute fixer à 100 francs le prix du *litre* de cette eau ; mais il s'apercevrait bien vite, à la rareté des demandes, que ce n'est pas le moyen de tirer grand parti de sa propriété. Il abaissera donc successivement le prix du litre jusqu'au terme qui lui donnera le plus grand profit possible ; c'est-à-dire que, si $F(p)$ désigne la loi de la demande, il finira, après divers tâtonnements, par adopter la valeur de p qui rend le produit $p\,F(p)$ un maximum, ou qui est déterminée par l'équation

$$(1) \qquad F(p) + p\,F'(p) = o\ .$$

Le produit

$$p\,F(p) = \frac{[F(p)]^2}{-F'(p)}$$

sera la rente annuelle du propriétaire de la source, et cette rente ne dépendra que de la nature de la fonction F.

図 1-2　クールノー『富の理論の数学的原理に関する研究』の中から

を用いて自らの研究を著したからです。

クールノーの『数学的原理』では、独占市場だけでなく、同一市場における複数企業の競争も分析されています。現代的な例としては、スマートフォン市場で争うａｕとソフトバンクとｄｏｃｏｍｏの競争とか、コンビニ市場におけるセブンイレブンとファミリーマートとローソンの争いなどを思い浮かべてください。そしてクールノーは、ゲーム理論的な考察によって、その企業間競争の結末を予想しているのです。

ゲーム理論というのは、互いに争う複数の主体が存在する状況を分析するために開発された応用数学の一分野です。その本格的な研究の開始は、フォン・ノイマンとモルゲンシュテルンにより１９４４年に発表された大著『ゲームの理論と経済行動』(*Theory of games and economic behavior*)を待たねばなりません。すなわち、クールノーの見識は経済学の歴史を軽く１００年ほど先取りしていたわけです。

以上により、クールノーの並外れた先見性がわかっていただけたと思います。これほどの理論なのですから、当時の学界でもさぞや高い評価を得ただろうと思ったら、実際にはまったく正反対の結果となりました。人間の集まりである社会の性質を数学によって分析するクールノーの手法は当時の学界の激しい反発を招き、ほとんど人格攻撃のような批判を浴びた模様です。

あらゆる面で現代経済学の先駆者であったクールノーは、数学無用論者による攻撃を受けたことでも私たちの先達であったのです。

クールノーは落胆のあまり経済学の研究からしばらく遠ざかります。やがて気を取り直して、『数学的原理』の内容を数学は使わずに書き直した本を発表したり、いろいろと努力をするのですが、最後まで学界の理解を得られないまま、1877年に没します。享年、75歳。

レオン・ワルラス登場

クールノーの『数学的原理』は、当時にしてはあまりに高度であったため、同時代の経済学者にはほとんど理解されませんでした。といいますか、そもそも真剣に彼の本を読んだ人がごく少数しかいませんでした。しかし、その数少ない読者の一人に、オーギュスト・ワルラスがいたことは経済学にとって大変に幸運なことでした。

オーギュスト・ワルラスはクールノーの友人であった人物です。もともとは法律学を専門とし、経済学の研究もしていたようですが、職業的な研究者ではありません。したがって、クールノーの著作をどれだけ理解できていたかは不明です。しかし、その著作をクールノーから受け取り、それを自分の息子に渡した一事によって経済学の歴史に名を残すことになります。

オーギュストの息子レオン・ワルラスは、1834年、フランスに生まれます。長じてエコール・ポリテクニークを受験するも入学はかなわず、一浪した後に再受験したものの、よりにもよって数学で失敗、ついに第一志望を諦めて鉱業学校に入学します。しかし、勉強に身が入らずに中退。そんなレオンを見かねた父オーギュストが、他にやることがないならこれでも読めと息子に与えたのが、クールノーの『数学的原理』だったのです。その一冊が、レオンの人生と経済学の歴史を大きく変えることになるとも知らずに。

レオンはさまざまな仕事を転々としながら経済学の研究に邁進し、クールノーの仕事を受け継いで、数理経済学を土台から建設する試みを続けます。そして36歳にして、スイスに設立されたばかりのローザンヌ大学の経済学教授に知人のコネで就任、長きにわたったフリーター生活にピリオドを打ちました。

就職から4年後の1874年には、その後の経済学の進むべき道を定めた『純粋経済学要論』(*Eléments d'économie politique pure, ou théorie de la richesse sociale*)を出版し、現在は**一般均《いっぱんきん》衡《こう》理論**として知られている理論の原型を提案しました。一般均衡理論とは、一国のあらゆる経済活動を連立方程式として完全に記述しようとする壮大な理論体系です。

レオン・ワルラスの理論では、クールノーによって考案された需要関数や費用関数などのさまざまな関数概念が継承、発展されています。さらには**完全競争**や**市場均衡**《しじょうきんこう》などの経済学における最重要概念が分析されています。

レオン・ワルラスは、彼の理論を正確に記述するための道具として数学を縦横に駆使したため、同時代人の理解をただちには得られませんでした。それでも彼の著作はだんだんと読者を増やします。１９０９年には、研究生活50周年を世界中の経済学者から祝福され、ケインズやシュンペーターなど当代きっての経済学の巨人たちからも賛辞を寄せられるに至りました。その翌年、スイスの地にて没します。享年、75歳。

レオン・ワルラスがクールノーから継承し発展させた数理経済学は、現代の経済学の基礎となりました。そして彼らの研究によって、経済学研究における数学の有用性がようやく認識されはじめたのです。

サミュエルソン降臨

クールノーによって創始され、レオン・ワルラスによって拡大された数理経済学の基礎工事を最終的に完成させたのが、ポール・サミュエルソンです。サミュエルソンは１９１５年にアメリカ合衆国はインディアナ州に生まれ、16歳でシカゴ大学、21歳でハーバード大学大学院に入学します。経済学だけでなく数学や物理学も修め、理工系の学生に交じって数学の講義を受けて教授を驚かせたりするなど、さまざまな天才的逸話に彩られた華やかな人物です。大学院修了後にはマサチューセッツ工科大学（MIT）に就職し、1947年に『経済分析の基礎』（*Foundations of economic analysis*）を出版するや、一躍学界の寵児となります。

『経済分析の基礎』において、サミュエルソンは、さまざまな経済主体の行動を、**制約付き最適化問題**（本書6章）の一例として統一的に記述しました。現在も世界中で教えられている経済学は、このサミュエルソンの定式化によるものです。また、現実に観察される経済データと経済理論のあいだに矛盾が生じているか否かを判定する基礎原理を、**顕示選好理論**《けんじせんこう》としてまとめています。経済理論のすべての定理は検証可能であるべきだとするサミュエルソンの思想と方法は、現代経済学の中核となりました。

その偉大な功績を称えて、1970年、まだできたばかりのノーベル経済学賞がサミュエルソンに与えられました。というよりも、サミュエルソンの功績を称えるためにノーベル経済学賞が創設されたという説すらあるそうです。その頃までには、サミュエルソンが教鞭をとるMITは世界トップの経済学研究機関へと成長し、経済学の中心地はヨーロッパからアメリカへと移って、現在に至ります。

アントワーヌ・クールノー
(1801-1877)

レオン・ワルラス
(1834-1910)

ポール・サミュエルソン
(1915-2009)
Gettyimages

図 1-3　数理経済学の建設者たち

サミュエルソンは生涯を通じて活発に研究を続け、ミクロ経済学とマクロ経済学の統合(**新古典派的総合**と呼ばれます)や、国際貿易理論などでも巨大な業績を残しています。2009年、マサチューセッツ州にて永眠。享年、94歳。

以上、数理経済学の建設者たちから、とくにクールノー、ワルラス、そしてサミュエルソンの3人を選んで紹介しました。もちろん、彼ら以外にも多くの経済学者たちが理論の発展に多大な貢献をしています。そのおかげで現在では、経済学のほぼ全分野において(経済史においてすら)、さまざまな数学が積極的に利用されるようになりました。そのため最近では、わざわざ差別化して「数理経済学」という呼び方をすることも少なくなっています。なにしろ、現在の経済学はどこを見ても数学に満ち満ちているわけですから。

それではいよいよ次の2章から、クールノーたちが全身全霊を傾けて作り上げた、経済学の神殿に足を踏み入れることにしましょう。大丈夫、けっして難しくはありません。必要なことは、外国語を学ぶときと同じように「数学」という言語に慣れること、そして、その数学を生み出した先人たちの情熱を忘れないことだけです。

第2章 一次関数

市場を数式で表現する

この章では，複雑な因果関係を簡潔に記述するための言語である「関数」の考え方を紹介します．とくに，「需要関数」「供給関数」という２つの重要な例を用いて，経済学における「関数」の使用法を解説します．また，経済学に特有なグラフの描画法について説明します．

1　因果関係を関数で表す

言葉としての関数

経済学で数学を用いる利点の第一は、数式が複雑な状況を簡潔に記述するのに便利だからです。この特徴がもっとも鮮やかに現れるのは、**関数**においてでしょう。たとえば、教育経済学の分野では、子どもの学業成績を決定する原因は何なのかという研究が盛んになされています。学業成績を何らかの共通試験の点数で測ることにして、その試験の成績を決定するのは勉強時間とＩＱであるとしましょう。ここに現れる「学業成績」「勉強時間」「ＩＱ」の3要素が、いずれも客観的に定まる数値であることに注意してください。

経済学では、原因にあたる変数を**説明変数**、結果にあたる量を**被説明変数**といいます。いまの例の場合には、勉強時間およびＩＱが説明変数、学業成績が被説明変数です。これらの変数間の因果関係に「f」という名前を付け、「学業成績＝f(勉強時間，ＩＱ)」と書くことにします。これが関数の一例です。

近似表現としての関数

関数による記述を行う際に注意すべきことをひとつ挙げておきましょう。それは、関数による記述には、つねに表と裏の2つの意味が込められているということです。

関数「学業成績＝f(勉強時間，ＩＱ)」の例で説明しましょう。この関数の意味は、「学業成績は勉強時間とＩＱで決まる」ということです。それと同時に、この関数表現には、「学業成績は、勉強時間とＩＱのみによって決まる」という裏の意味が隠されています。つまり、説明変数として直接含まれていない他の要因(塾に通っているかどうか、勉強部屋の有無、家計の収入レベル、保護者のＩＱ等々)は、すべて影響をもたないものとされているわけです。これは、非常に強い仮定です。関数による記述には、その明瞭さ、明確さから生じる思わぬ副作用があり得ることに十分注意しておきましょう。

したがって、たとえば「所得の高い男性ほど結婚できる確率が高い」という、まあまあ常識的な命題であっても、これを関数として「結婚できる確率＝f(所得)」のように書いてしまうと、数学的には「結婚できるかどうかは所得だけで決まる」という意味になります。非金銭的な努力(自作のポエムを贈るとか)や本人の誠実さなどはまったく評価されないわけですから、これはとても物悲しい関数であります。

経済学に現れる関数には、ここまでの厳密性は期待できません。人間の行動が1つや2つの説明変数に帰せられるような状況は、ほとんどあり得ないでしょう。したがって、経済学における関数表現はすべて近似であり、「この関数に現れない他の説明変数からの影響は、極めて微小なものであるので、以降の分析では無視する」という宣言と考えるのが妥当です。

とくに計量経済学では、客観的な計測が難しいなどの理由で説明変数として明示的に含まれないその他の変数を**誤差項**にまとめ上げてしまいます。さきほどの例に示した結婚確率関数で言えば、性格や魅力やポエムの完成度などの数値化不能な要素はすべて「誤差」です。その上で、データを用いて、どの説明変数の影響がもっとも大きいかを評価したり、全体に占める誤差の割合を計測したりするわけです。

2　需要関数と供給関数

用語の確認

$Z=f(X, Y)$のような関数の一般的な表記法だけでも、複雑な社会状況を簡潔に記述するという目的には大いに有用です。実際、レオン・ワルラスも、さまざまな市場における需要や供給の決定メカニズムを関数によって記述することで、複雑な経済の仕組みをそれなりに簡潔に表現しています。もし、ワルラスが関数を用いずに普通の言葉で彼の理論を著していたならば、誰にも解読できない暗号文書ができあがっていたでしょう。

しかし、社会の一般的な仕組みを記述する理論分析から一歩進んで、実際のデータを用いた実証分析を目指す段階では、関数のより具体的な表記が必要となります。

そこでここからは、経済学で用いられる関数の代表格、需要関数と供給関数について、それらがどのように具体的に表記されるのかを考えることにしましょう。

まずは基礎的な用語の確認です。以下では、状況をできるだけ簡単にするために、一軒のパン屋と一人の**消費者**がいる小さな町を考えましょう。パン屋はパンという商品（経済学用語では**財**《ざい》）を生産する側ですので**生産者**とも呼びますし、**企業**と呼ぶこともあります。ただし、パン屋を企業と呼ぶ場合には、消費者は**家計**と呼ぶのが普通です。つまり、「企業vs家計」、または「生産者vs消費者」という対です。まあ、あまりこだわらなくても大丈夫です。

この町におけるパンの**需要量**とは、消費者によるパンの希望購入量のことです。また、パンの**供給量**とは、パン屋による希望販売量のことです。あくまでも、この時点では「希望量」に過ぎません。

パンの需要関数とは、パンの価格 p を説明変数、パンの需要量 x を被説明変数とする関数 D のことです。また、パンの供給関数とは、価格 p を説明変数、供給量 y を被説明変数とする関数 S のことです(図2-1)。ちなみに、数学では関数や変数をイタリックで書きます。

少し先取りになりますが、経済学では、実際のパンの取引は需要量と供給量が一致するときに実行されると考えます。需要と供給が一致しているとき、「パンの市場は均衡した」といい、このときはじめて、希望量であった需要と供給が実現します。

ここで注意してほしいことは、需要関数と供給関数がいずれも価格 p だけを説明変数としていることです。パンがどれだけ売れるかは、そのパンの美味しさはもちろん、パン屋の立地、店員の愛想のよさ、付近の住民の所得レベルなども大きく影響しているはずです。その他にも、隣町のパン屋の動向や、あるいはドーナツ屋やケーキ屋などの他業界からの影響だって無視できないはずです。

しかし、本書で解説するような入門レベルの経済学では、その財の価格以外の要素は、とりあえずすべて無視します。もちろん、このままでは現実経済の分析には不十分ですので、より高度な実証分析では多種多様な説明変数を追加します。

パンの需要関数　　$x = D(p)$

パンの供給関数　　$y = S(p)$

ただし，x：パンの需要量，y：パンの供給量，
p：パンの価格，とする

図 2-1　もっとも単純な需要関数と供給関数の設定．価格 p だけを説明変数とする

数式による表現

需要関数と供給関数が、具体的にはどのような数式で表されるのかを考えてみましょう。左のボックス2-1に、需要関数と供給関数を価格pの一次関数として表す手順をまとめました。いよいよ数式が出てきますが、たいして難しくはないはずですので、中学校の復習のつもりで気楽に読んでみてください。

3　需要曲線と供給曲線

式とグラフと言葉で

ところで、経済学業界には、「数式と同じことをグラフと言葉でも説明できるようになれ」という教育原理があります。

ある学生が華麗な数式展開によって経済学の定理を証明しても、それと同じ内容を日常的な言葉で説明し、そのロジックの本質を捉えたグラフを黒板に描いてみせるまでは、指導教員に認めてもらえないのです。

私も大学院生だった頃には、何日も計算してやっと解いた複雑な計算結果を、「中学生にも

ボックス 2-1　需要と供給の定式化

需要関数 $x=D(p)$，供給関数 $y=S(p)$ を，もっとも単純な仮定の下で具体的に定式化してみる．

まずは，何らかの事情によってパンの価格が $p=0$ に強制されたとする．このとき，消費者は胃袋に詰め込めるかぎりのパンを消費しようとするだろう．その量を a とすれば，

$$D(0)=a$$

となる．その一方で，パン屋はまったくパンを焼かないから，

$$S(0)=0$$

となる．

つぎに，パンの価格が $p=1$ に設定されたとする．このとき，消費者はパンを食べる量を b 個減らし，パン屋は生産量を c 個増やすものとすれば，

$$D(1)=a-b, \qquad S(1)=c$$

となる．

パンの価格が 1 上昇するたびに，需要はつねに b 個減少し，供給はつねに c 個増加するものと仮定すれば，一般の価格 p については

$$D(p)=a-bp, \qquad S(p)=cp$$

が成り立つ．

わかるような言葉で説明しろ！」とか「巣鴨にいるお婆ちゃんでも納得するグラフを描け！」などと要求されては立ち往生したものでした。

これは一見すると、とても理不尽な要求で、「またしても数学不要論？」と思われるかもしれませんが、そうではないのです。経済学における数式は、社会で生起している経済現象を外から眺めて記述する一種の言語です。しかし、枝から離れたリンゴが微分方程式を解いて自分の落下速度を決めているわけではないように、現実世界に生きている普通の人々（中学生とか、巣鴨のお婆ちゃんとか）も数式を用いて日々の暮らしを送っているわけではありません。したがって、数式による分析だけでは、人々の気持ちを理解したとはいえません。

数式に頼らずに推論を行う方法の一つが作図です。経済学において、あえて数式を用いずにグラフを描いてみることは、経済現象を内側から身体で理解するための大切な作業なのです。

需要曲線を描いてみる

というわけで、需要関数のグラフを作図してみたのが図2-2です。需要関数のグラフを、とくに**需要曲線**といいます（図は直線だけど）。作図に際しては、価格が上昇したときの需要の減少がつねに一定であるという仮定をフルに活用しています。

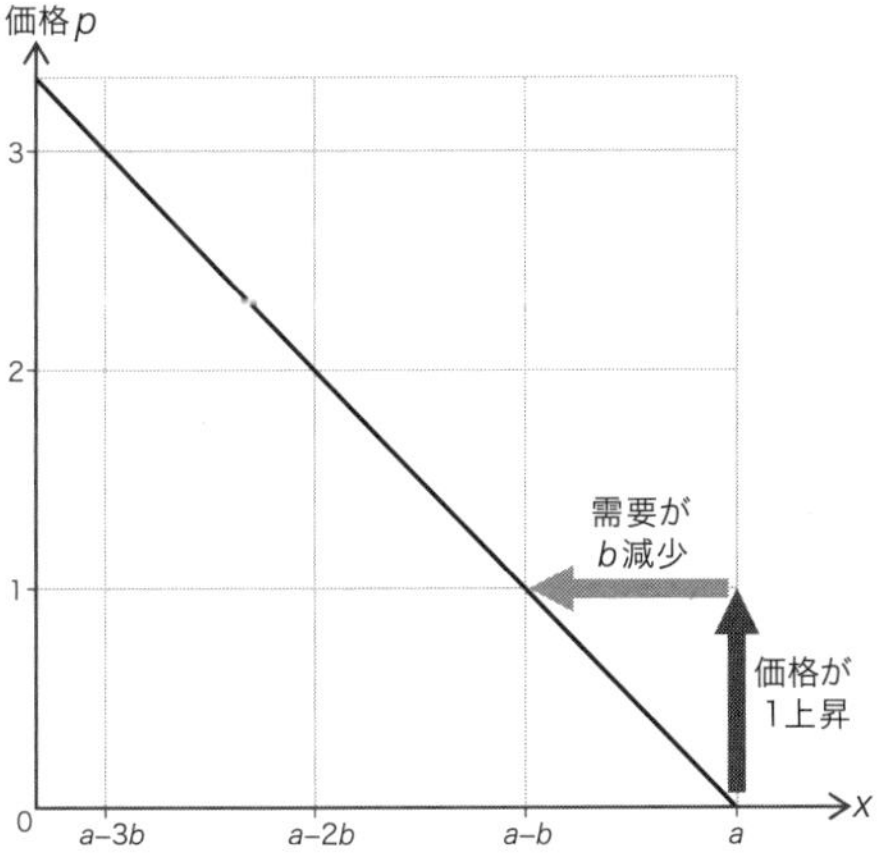

図 2-2　需要曲線 $D(p)=a-bp$ の作図．価格が 0 のときの需要量が a であり，そこから価格が 1 上がるたびに需要が一定値 b ずつ低下することを活用して描く

この例の場合には直線のグラフになっていますから、需要「曲線」という名称は少し不自然に思えますが、これはこの例においてはたまたま直線になってしまっただけで、より一般的な仮定のもとでは、需要曲線はその名のとおり「曲線」になります。

同様に考えれば、供給関数のグラフである**供給曲線**を描くことも簡単です。

価格はタテ軸に現れる

ただし、このグラフには、とくに数学の得意な人にとっては非常におかしく思われるところがあるかも知れません。

「通常の数学」では、ある関数のグラフを描くときには、インプットの変数(説明変数)をヨコ軸に、アウトプットされる変数(被説明変数)をタテ軸に書く習慣がありますよね。したがって、需要関数と供給関数のグラフについても、本当ならばヨコ軸がp、タテ軸がxとyのはずです。しかし、図2-2はそうなっていません。これはどう考えても誤りです!

ところが、「通常の数学」と異なり経済学では(というフレーズを口にするたびに筆者の背筋には微かな勝利感が駆け上るのですが)、それがインプットであるかアウトプットであるかには一切関わりなく、**価格はつねにタテ軸に、数量は必ずヨコ軸に取る**のです。図2-2も、このルールに従って描かれています。

通常の数学に慣れているみなさんにとってはさぞやストレスフルな習慣であろうと思いますが、経済学にはルールの変更に応じる用意はありません。どうか諦めて速やかに慣れてください。太陽が東から昇るように、価格はタテ軸に現れるのです。

このような不思議な習慣が経済学に生まれることになった経緯を説明しておきましょう。経済学の歴史上、需要関数・供給関数を定式化し、そのグラフを描いた最初の人物は我らがクールノーでした。そしてクールノーは、通常の数学の流儀に従って、ヨコ軸に価格、タテ軸に数量を取ったグラフを『数学的原理』に図示しています。しかしながら、みなさんもすでにご存じのとおり、彼の著作は読者をあまり獲得できませんでした。

需要関数・供給関数の考え方を広めたのは、イギリスの大経済学者アルフレッド・マーシャル（１８４２―１９２４）でした。マーシャルは、ケンブリッジ大学の教授であり、その時代のもっとも偉大な経済学者とみなされていた人物です。それまでは歴史学と道徳哲学の一部とされていた経済学を独立させ、ケンブリッジ大学に経済学科を創設したのはマーシャルの大きな功績です。マクロ経済学の開祖であるケインズの師匠であったことでも有名であり、また「経済学者に必要なものは、冷たい頭脳と温かい心である」という超カッコいい格言を残した人物でもあります。

マーシャルは、１８９０年に『経済学原理』(*Principles of economics*)という大著を発表し、その中で需要関数と供給関数の理論を解説しました。彼の『経済学原理』は世界中で読者を獲得し、ほとんどあらゆる大学で教科書として採用されました。クールノーの扱いとはえらい違いですが、この本に示されていた需要関数と供給関数のグラフは、タテ軸に価格、ヨコ軸に数量を取った図であったのです。というわけで、経済学では、「通常の数学」とは異なるグラフの作図法が導入されたのです。

とはいえ、経済学は個人崇拝の学問ではありませんから、マーシャルがどんなに偉大な経済学者であろうと、その考え方に少しの利点もないのであれば、タテ軸に価格を取る作図法もすぐに廃れていたはずです。後ほどわかるように、価格をタテ軸に取ることで、さまざまな分析がより直観的で容易になります。いったんそれに慣れてしまえば、なかなか便利な作図法であることが納得できるはずですから、いまはそれを楽しみにして、とりあえずそういうものと考えて、先に進むことにしましょう。

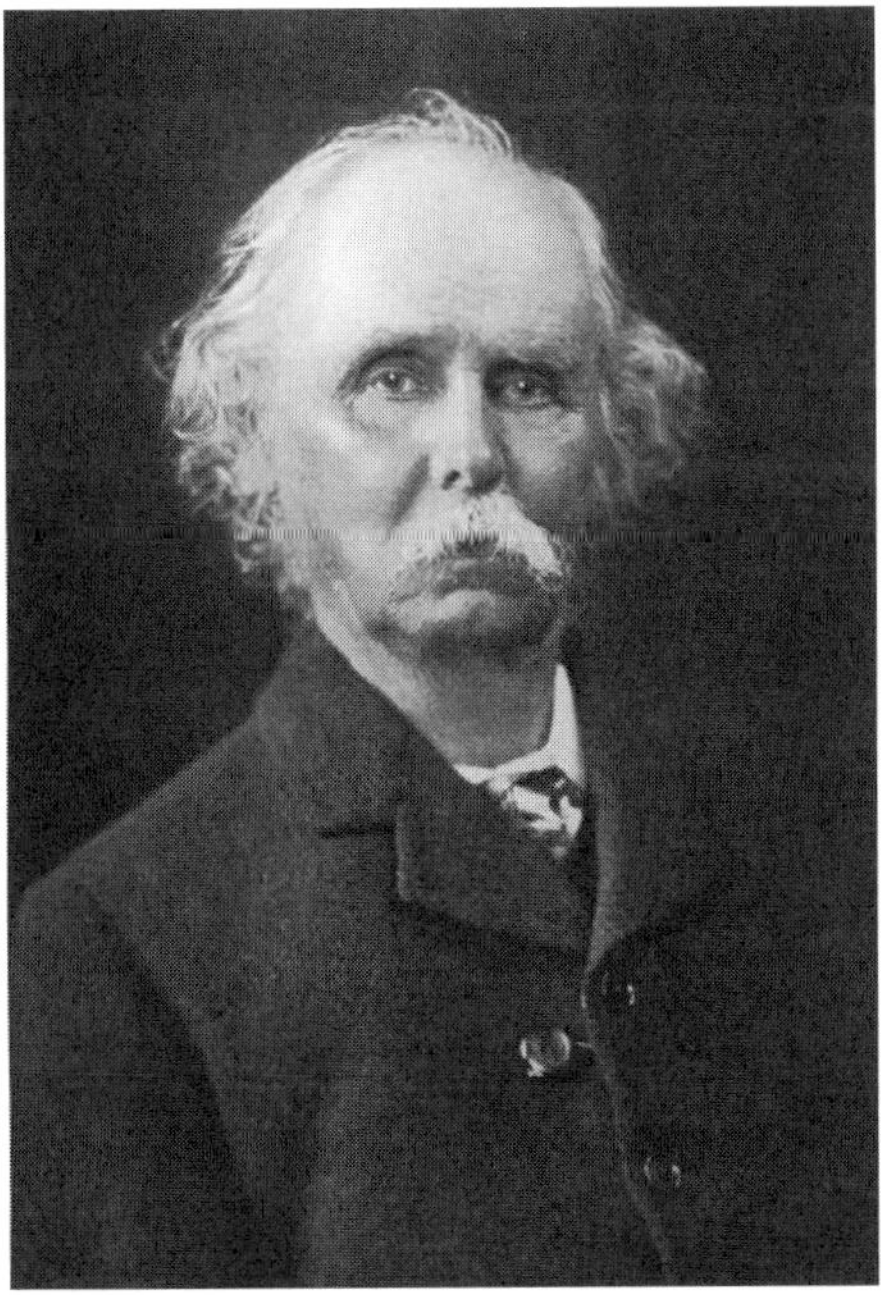

アルフレッド・マーシャル(1842-1924)

図 2-3 「経済学者に必要なものは，冷たい頭脳と温かい心である」

入門の入門

第3章 二次関数

満腹と疲労

2章に引き続き，この章では，消費者と企業の個性を記述するための「便益関数」「費用関数」を紹介します．また，それらを題材として二次関数の性質を復習します．この章の内容は，後の4～6章でも繰り返し用いられることになります．

1　便益関数と費用関数

「便益」って何？

2章では関数というものの考え方を説明し、重要な実例として需要関数と供給関数を紹介しました。この章では引き続き、それらと同じくらい重要な便益関数と費用関数を紹介します。

まずは、消費者の個性を記述する**便益関数**について考えましょう。便益関数とは、財の消費量に対して、その財の消費から得られる便益を対応させる関数のことです。この関数の意味を理解するには、当然ながら「便益《べんえき》」という用語を理解しなければなりません。そこで、「便益」の何たるかを体感するために、ちょっとした思考実験をしてみましょう。鉛筆を1本ご用意ください。

まずみなさんには、各自の一番好きなパンをできるだけ具体的に思い浮かべていただきます。パンでなくても構いません。ケーキでも、ラーメンでもよいですが、食べ物にしてください。

次に、あなたが思い浮かべたその食べ物を、想像の中で美味しくいただいてください。真剣に、全力の想像によって食してください。それが可能なら、本当に食べても構いません。

ちなみに筆者が一番好きなパンは、メゾンカイザーというパン屋が売っているショソン・オ・ポムという名前のアップルパイです。ご参考まで。

さて、食べ終わりましたか？　幸せな気持ちになったでしょうか？

では、あなたがいま食べた、そのお気に入りのパン１個（またはケーキ１個、もしくはラーメン１杯）に対して支払ってもよいと思える最高の金額を、次の空欄①にご記入ください。

１個目の財に支払える最大の金額＝［①　　　円］

あなたが①に記入した金額が、あなたがパン１個（またはケーキ１個、もしくはラーメン１杯）から得る便益なのです。したがって、便益の計測単位は日本であれば「円」、アメリカであれば「米ドル」、ブータン王国であれば「ニュルタム」になります。

たとえば、あなたが①に書き入れた金額が５００円であるとしましょう。だとすれば、大好きなそのパン１個を食して得るあなたの幸せは、５００円に等しいということになります。ある財から得る便益とは、その財を消費して得られる満足度を示しているのです。

ちなみに筆者には、メゾンカイザーのショソン・オ・ポム1個に対しては1000円までを支払う覚悟があります。あの、少し硬めの皮がつやつやと輝くアップルパイ1個から筆者が得る満足感は、金額換算で1000円に等しいわけです。

思考実験を続けましょう。先ほどと同じパン（またはケーキ、もしくはラーメン）を、追加でもう1個消費してください。ラーメンを想定している人は大変ですね。頑張って完食してください。たとえ想像の中でも途中で残してはいけません。

無事に食べ終わったところで、いまの2個目の財に支払える最大の金額を、次の空欄②にメモしておいてください。

2個目の財に支払える最大の金額＝［② 円］

さきほど同じ財を消費したばかりですし、物理的にもお腹が膨れていますから、①より少ない金額を記入した人が多いことでしょう。あるいは2個目は1個目よりもさらに美味しく感じられて、②のほうが①より大きな額になった人もいるかもしれません。各人の財への好みの強さと胃袋の容積に応じて、みなさんの個性を反映した数値が②に収まったことでしょう。

ちなみに筆者は、2個目のショソン・オ・ポムに対して800円の評価を与えました。体脂肪率への懸念が影響して減額されていますが、それでも依然として高評価であるのは、2個目でも飽きのこない控えめな甘さのおかげです。

かくして、みなさんは $x=2$ 個の財を消費して、その結果

①+②=［　　　円］（各自で当てはまる数字を書き入れてください）

の便益を享受することができました。筆者の場合は、1000+800=1800円という結果になったわけです。

さて諸君、さらに3食目いくぞ。ラーメンを選んだ君は災難だったな。頑張って完食したまえ。無事に食べ終わったら、今までと同様に、

3個目の財に支払える最大の金額=［③　　　円］

にご記入願います。これで、$x=3$ におけるみなさんの便益の値は

①＋②＋③＝　　　　円

であることが判明しました。

この作業を何度も繰り返して次々とパンを食べ続ければ、みなさんの便益関数の全体像が明らかになります。筆者の場合に得られた結果をグラフにしたものが図3-1です。このグラフを**便益曲線**といいます。需要曲線や供給曲線のときと同じように、「タテ軸に金額、ヨコ軸に数量」をとるマーシャルの原則に従っています。

グラフを見れば、3個目のあたりから筆者の得る便益の伸びが急減し、5個目で完全に頭打ちになる、つまり満腹することがわかります。これ以上食べれば消化器官に苦痛が生じて、あるいは同じ味の連続にさすがに飽きがきて、逆に便益が下がりはじめます。そろそろ、今度はコーヒーが欲しいところですが、悲しいかな、数学的な理由により、それは6章までおあずけなのです。

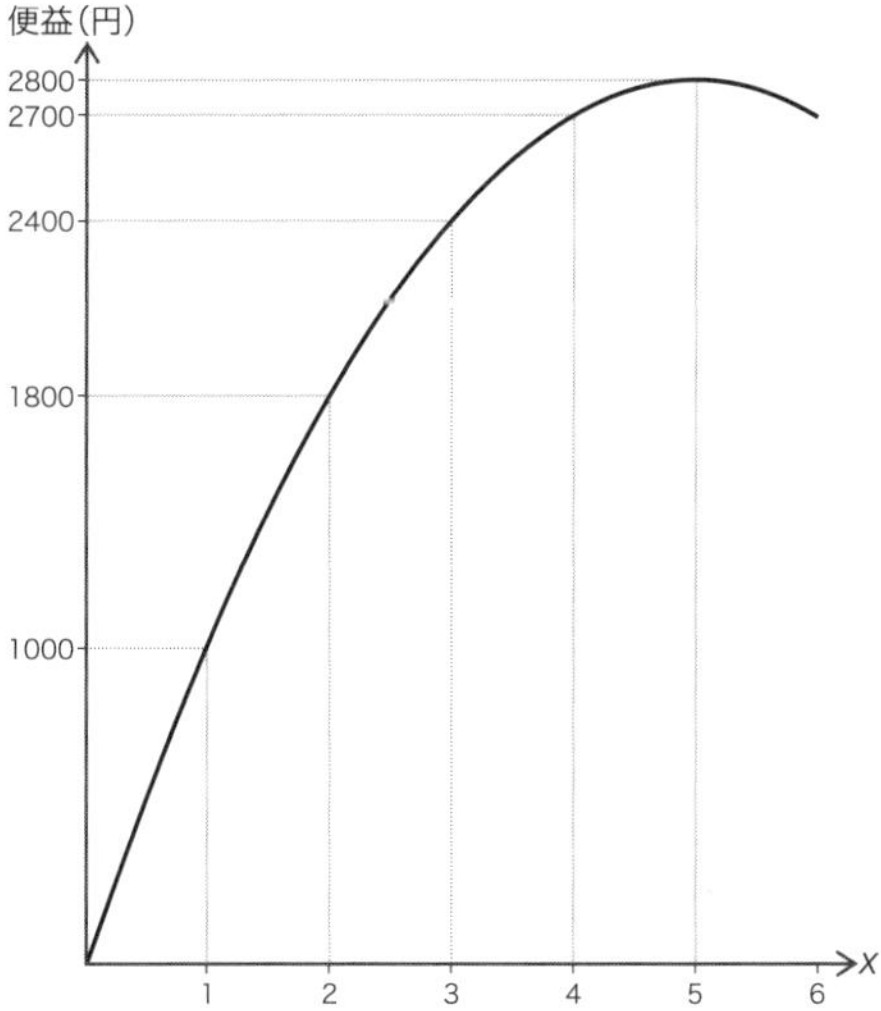

図 3-1　筆者の便益曲線．消費量 x が増加するごとに便益の伸びが鈍り，$x=5$ において頂点に達している

費用曲線

消費者の好みという個性を記述するのが便益関数であるならば、企業の技術力という個性を表現するのが**費用関数**です。費用関数は、財の生産量と、その生産に要する総費用とを対応させる関数です。

生産量が増えれば、企業は従業員をたくさん雇って長く働かせることになりますから、そのための賃金支払いが増加します。パン屋であれば小麦粉や塩やイースト菌などの原材料を仕入れる量も増えますし、竈を動かすための燃料代も必要になります。したがって、費用関数のグラフは、図3-2のように右上がりになるでしょう。

費用関数のグラフを**費用曲線**といいます。図3-2に描かれた費用曲線の形状には、次に述べる2つのことが仮定されています。

その第一は、グラフが原点を通るように描かれていること、つまり生産量が0のときには、生産費用はかからないと仮定していることです。第二は生産量の増加とともに、グラフの傾きが急になることです。

とくに第一の仮定は、あくまで分析をできるだけ簡単にするための方便です。現実には、生産量が0のときでも企業は各種の費用を負担しています。たとえばパン屋の場合では、パンを

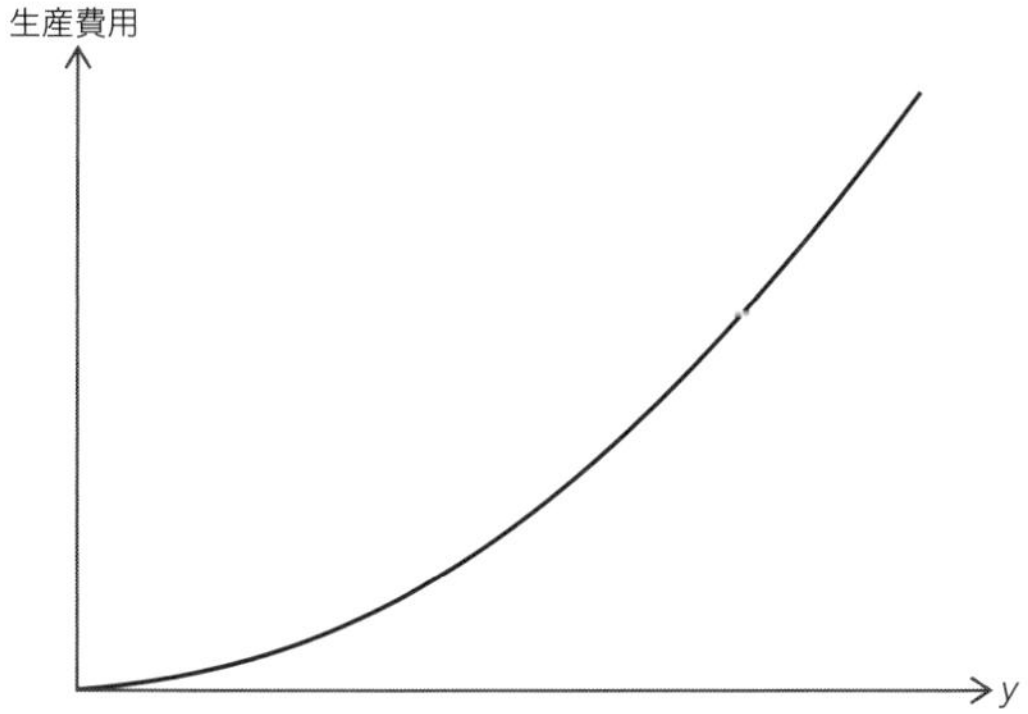

図 3-2　費用曲線．生産量が 0 のときには費用も 0 であり，生産量の増加とともに傾きが急になると仮定されている

1個も焼かなかったとしても、店舗の賃貸料を払ったりしなくてはなりません。そもそも店舗を建てたときに、さまざまな機械設備が必要だったはずで、そういった初期投資にかかる費用は生産量が0の時点でもすでに発生しています。

このように、生産量が0の場合でも発生する費用を**固定費用**と呼びます。それに対して、生産量の増加とともに上昇する費用部分を**可変費用**と呼びます。図3-2では、固定費用の部分をないものとして、可変費用だけを描いています。

第二の仮定は、生産量が増加するにつれて、ますます多くの生産費用が必要になることを意味しています。つまり、生産量の増加とともに生産効率が低下することを仮定しているのです。

このことを理解するために、またひとつの想像をしてみましょう。みなさんは、自分が1軒のパン屋のオーナーになったものと考えてください。上品で素敵な街角に、こぢんまりとしたメルヘンチックなお店を建てて、とびきり腕の良い職人を1人雇います。さあ、いよいよ開店です。焼きたてのパンの美味しそうな匂いに惹かれて、すぐに何人かのお客さんがやってきました。開店初日はなかなか順調な滑り出しです。

やがて店の評判が近隣に広まり、お客さんの数が増えはじめます。もはや職人1人では間に合いません。みなさんは新しい職人を追加で雇い(したがって人件費が増加します)、需要に見合うだけの生産量を確保します。

それでもまだ、お客さんが増え続けます。これ以上に職人を増やそうにも、小さな店内はすでに満員です。新しい店舗を建てるには時間がかかりますから、しばらくのあいだは、今いる職人たちをフル回転で働かせて対応するしかなくなります。職人たちは狭い厨房で黙々とパンを焼きつづけます。お客が少なくて１人の職人が広々としたスペースでパンを焼いていた頃に比べれば、作業のスピードは大いに低下するでしょう。スピードが遅くなれば、残業時間が長くなり、人件費が増えて生産費用が上昇します。

ここで、ダメ押しのように、夕方のニュース番組がみなさんのパン屋を特集してしまいます。売れっ子のお笑い芸人が、みなさんのお店のパンを頬張って大絶賛です。次の日からは、さらに多くのお客が押し寄せます。職人たちはへとへとですが、のろのろとした足取りでも気力を振り絞って美味しいパンを焼きつづけます。生産効率は底を打ち、残業代は天井知らず、費用曲線はすでに崖のような急斜面です。

というわけで、傾きがだんだんと急になる費用曲線の裏側には、限られた生産設備や労働者の疲労困憊によって低下する生産効率が想定されているのです。職人たちが倒れる前に、新しい店舗が完成して、働き手が増えるのを願うばかりです。

2　二次関数による定式化

便益関数と費用関数の定式化

便益関数と費用関数が、それぞれどのようなものであるのか、以上の説明で理解できたでしょうか。ここからは、これらの関数を数式で表現する方法について考えます。

まずは、便益関数を数式で記述してみましょう。先ほどの思考実験で体験していただいたように、パンの消費量の増加は、2つの効果をもたらしました。第一の効果は、消費の増加による便益の増加です。美味しいものを、より多く食べることで、より幸せになる効果が発動します。第二の効果は、胃袋の容量限界による満腹感の増加、もしくは同じパンを食べ続けることからくる飽きの増加です。これらの効果によって、過度の消費は苦痛に変じて、便益を減少させることになります。

これら2つの効果を表現するには、左のボックス3-1に説明されるように、二次関数を用いるのが便利です。

ボックス 3-1　二次関数による便益関数の定式化

便益関数を $\omega = B(x)$ によって表し，これを具体的に定式化してみる．ただし，ω は便益の大きさ(円)，B は Benefit の頭文字である．

消費量が $x=0$ であるときは，$B(0)=0$ とするのが妥当であろう．また，消費量が 1 単位増加するたびに，便益が一定値 $a>0$ だけ追加されるとしよう．このとき，便益関数は

$$B(x) = ax$$

となる．この便益関数の持ち主は，満腹などに悩まされることなく，食べれば食べるほど単調に大きな便益を得る底なしの胃袋の持ち主である．

つぎに，パンを x 個食べると，その 2 乗に比例した満腹感を抱くタイプの個人を考える．このときには，便益関数は

$$B(x) = ax - bx^2$$

という式に修正される．第 1 項の ax はパンの消費から得る満足を表し，第 2 項の bx^2 は満腹感を表す．ただし $b>0$ とする．

同様に費用関数についても，定数 $c>0$ を用いて

$$C(y) = cy^2$$

によって定式化する．ここで C は Cost の頭文字である．

便益曲線の作図法

ボックス3-1に与えられたような、変数xの2乗の項を含む関数を**二次関数**と呼びます。おそらく、みなさんも中学生のころに二次関数について学んでいるはずですが、なかには「そんなものはとっくに忘れた！」という読者もおられるでしょう。後の5章でも重要になりますので、二次関数のグラフの作図法について、ごく簡単に復習しておきます。

二次関数のグラフの形を決めるのは、2乗項の符号の正負です。図3-3にあるように、2乗項の係数の符号がマイナスであれば山のかたちの放物線、プラスであればU字谷型の放物線になります。

2乗項がグラフの形を決めるものだとしたら、それ以外の項はグラフの位置を決定します。図3-4に、ある便益曲線の例を示していますので参考にしてください。作図のポイントは、便益が0になる数量がいくつになるか、また2乗項の係数が正負いずれであるかを式から読み取ることです。

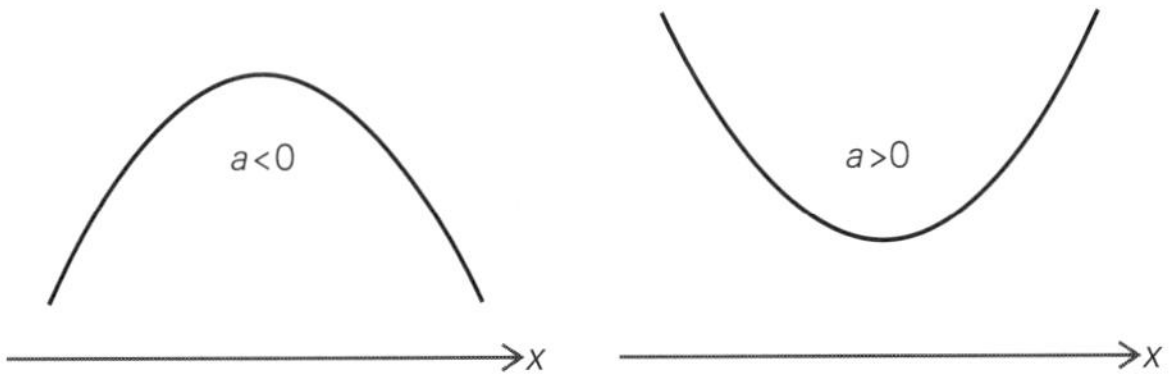

図 3-3　一般の二次関数 $f(x)=ax^2+bx+c$ のグラフと係数 a の関係

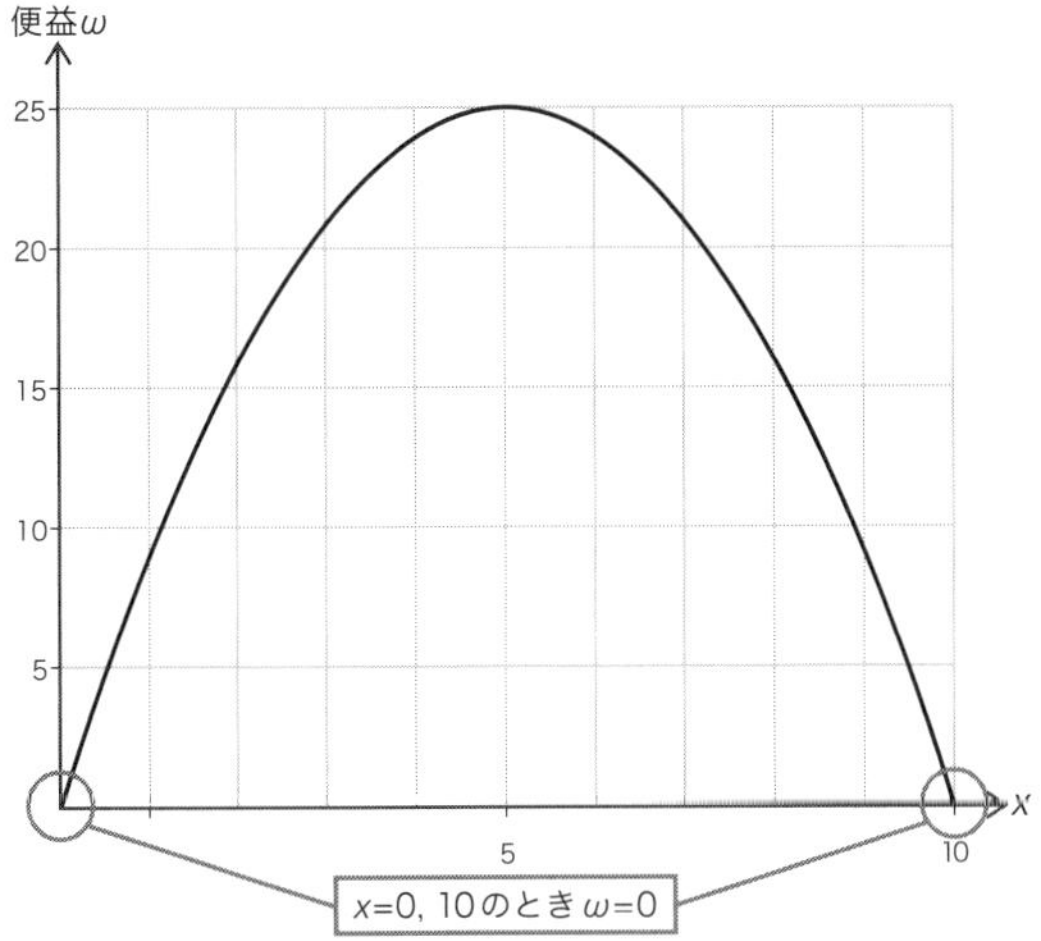

図 3-4　便益曲線 $\omega=10x-x^2$ のグラフ．便益が 0 になる点に注意すると楽に描ける

以上により、消費者と企業の個性を表す2つの関数、便益関数と費用関数の導入が終わりました。みなさんも、消費者としてパンを限界まで食べさせられたかと思えば、今度はパン職人になってへとへとになるまで残業させられたりして、くたびれたろうと思います。

次の4章では、二次関数による定式化を前提として、より詳細な分析を行います。いよいよ、微分の登場です。

第4章

関数の微分

「この瞬間の，この感じ」

この章では，消費者や企業の「ある瞬間における気持ち」をとらえるための道具である，「限界便益」「限界費用」の考え方を紹介します．みなさんは，これらの「限界概念」を通じて，経済学における微分の使われ方を理解するでしょう．

1　限界便益と限界費用

どうして食べ残してしまうのか？

問題なく食べ切れる。そう信じて追加注文したはずの料理の皿を前に、〝こんなはずではなかった……〟とため息をついた経験はありませんか？

筆者の父も、フランス料理のコースなどを食べる機会があると、

「なぜこんなに少しずつしか持ってこないのか。いいからまとめてもってこい」

と給仕を相手にごねた挙句に

「こんな量では全然足りないから、ラーメン屋に寄って帰る」

と高らかに宣言するのが常です。しかし、コースがひと段落してデザートが運ばれてくる頃になると

「どういうわけか、お腹がいっぱいになった」

と、再び高らかに宣言して、ラーメン屋をはしごする計画はなかったことになります。

目の前の一皿を食べはじめた頃には、まだまだ追加で食べられると思っていたものが、その

皿を終えるころにはすっかり満腹してしまう。

〝この瞬間の、この感じが続くなら、あとひと皿くらい大丈夫！〟

そう思っていたはずなのに、「この瞬間の、この感じ」が長くは続かずに、ひと口ごとに満腹感がいや増しに増して完食を諦める羽目になるわけです。

同じようなことは、企業の生産活動でも起こります。活き活きと働く職人たちを目にしたパン屋のオーナーが、

〝この瞬間の、この感じが続くなら、あと1時間の残業で１００個の増産が可能だ！〟

と考え、職人たちに残業を命じます。しかし実際に働かせてみると、15分もしないうちに職人たちの目の輝きは薄れ、作業スピードも低下して、１００個どころか10個のパンを追加するのがやっと、ということになります。働いているうちにみるみる疲労が蓄積して、オーナーが目にした「この瞬間の、この感じ」は儚くも消え去り、すべては、焼かぬパン屋の胸算用に終わったのです。

経済学では、「この瞬間の、この感じ」を数値化するための方法として微分法を活用します。あと何個のパンを食べ、あと何個のパンを生産すべきかを正しく決定するためには、微分の考え方が非常に有用になるのです。

通常の数学では、関数のグラフに接線を引くために微分を使います。その微分が、いったいどういうわけで「この瞬間の、この感じ」につながるのか、まずはそこから考えましょう。

図4-1には、ある消費者の、パンに対する便益曲線が描かれています。彼女は現在1個のパンを食べ終えて、200円分の便益を得たところです。そして、もう1個のパンに手を伸ばすべきかどうかを考えています。

彼女は、1個目のパンを食べ終えたばかりの「この感じ」が、次のパンを食べるあいだにも持続すると信じています。つまり、自分の便益曲線は、図中の破線矢印のように**便益曲線の接線に沿って**まっすぐ伸びていくと思っているのです。この予想に従えば、次の2個目のパンは100円の追加便益をもたらします。この100円を、$x=1$における**限界便益**と称します。

しかし、彼女の便益曲線が、現実には図中に破線で描かれている放物線のようだとしたら、どうでしょう。つまり、彼女はもうすぐ満腹してしまうのに、そのことを知らないとします。もし、次のパンに手を伸ばして食べはじめてしまったら、彼女はすぐに満腹して、半分くらい食べたところでギブアップとなるでしょう。

というわけで、ある瞬間における消費者の気持ちは、便益曲線の接線の傾き、すなわち限界便益によって数量化されます。そして現実の便益曲線とその接線のギャップが大きいほど、意

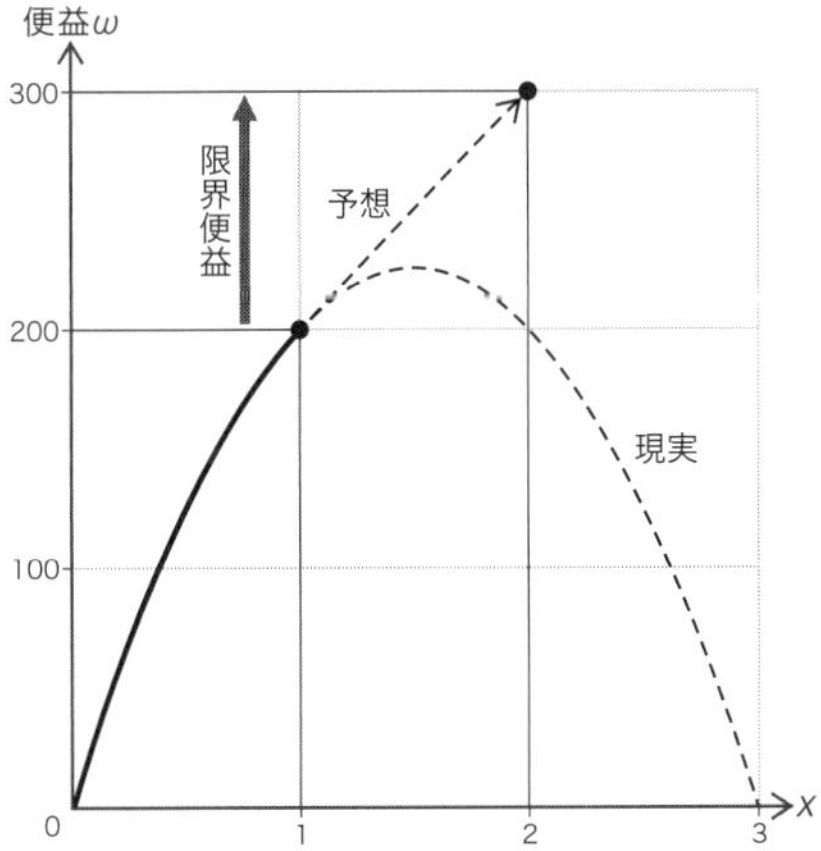

図 4-1　便益曲線と限界便益．この消費者は，x=1 から先の便益の伸びが，便益曲線の接線方向であると予想している

図しない食べ残しの危険性も高まるということになります。

消費者の場合と同様に企業についても、費用曲線の接線の傾きを**限界費用**と称し、これによって企業の瞬間的な気持ちを表します。たとえば「生産量がy＝1000であるときの限界費用が20円」であるならば、これは「1000個のパンを焼き終えた瞬間の職場の士気が保たれるなら、あと1個のパンを焼くのに掛かる費用は20円」ということを意味します。

また、消費量xに対して、そのときの限界便益を対応させる関数を**限界便益関数**といいます。同様に、生産量yに対して限界費用を対応させる関数を**限界費用関数**といいます。経済学における微分とは、便益関数から限界便益関数を導き、費用関数から限界費用関数を導く操作のことなのです。

どうして「限界」というのか？

ところで、この「限界」という言葉、初めて聞くみなさんには「どうしてこんな言葉を使うんだろう？」という不思議さがあるのではないかと思います。この「限界」とは、「もうこれ以上は食べれない」とか「これ以上の残業は不可能だ」という意味での限界ではありません。この「限界」は「これ以上細かく分けることができない」という意味で限界なのです。

たとえば、日本酒の品質検査である「利き酒」を考えてみましょう（未成年のみなさんはごめんなさい）。利き酒では、検査員たちは口に含んだお酒を専用の容器に吐き出しながら、何種類もの日本酒の味を確かめます。そうしないと、すぐに酔っぱらって正確な審査ができなくなってしまうからです。確実に味がわかり、しかし酔っぱらわずにすむ最低限の日本酒の量が、経済学でいうところの**限界量**にあたります。

限界量の消費がもたらす便益の大きさは、当然ながら極めて小さなものです。しかし、その限界量の財をしっかり噛みしめて味わえば、同じ財を1単位消費したときの便益の大きさを想像することができるでしょう。日本酒の利き酒でも、デパートの食品コーナーでの味見でも、ワインのテイスティングでも、消費者は、限界量から得た便益を何十倍、何百倍にも拡大することで、その財1単位分の美味しさを予想しているわけです。それが図4-1でも説明されている限界便益の直観的な意味です。

限界の考え方を経済学に取り入れた最初のひとりが1章で紹介したレオン・ワルラスです。彼を筆頭に、ウィリアム・スタンレー・ジェヴォンズとカール・メンガーの2人を加えた3人を**限界三人衆**と呼びます。また彼らの偉業は**限界革命**として、現代に至るまで大いに称賛されています。

2　数学的な定義

イプシロン・デルタ論法

限界量の考え方をそのまま数式に移せば、限界便益関数・限界費用関数の数学的な定義が得られます。ボックス4-1に、いわゆる**瞬間変化率**の考え方に基づく限界便益と限界費用の定義と計算例が与えられています。この計算結果は、後々の説明で何度も使うことになります。

この定義において限界量を表現しているのは、hをゼロに近づける操作の部分（$\lim_{h\to 0}$と書いてある部分）です。すなわちhは、「限りなく0に近いけれども0ではない微小な量」のことであり、これは経済学でいう限界量とまったく同じ概念です。

しかしながら、「限りなく0に近いけれども0ではない微小な量」と聞くと、反射的に胡散臭さを感じずにはおれません。あくまでも厳密でなくてはならない数学の基礎に、そんな曖昧で妖怪じみた概念が棲んでいるのは大変に居心地の悪いことです。

かのサー・アイザック・ニュートン（1642―1727）が、ペスト禍を避けて引き籠った田舎にて、25歳にして成し遂げた3大発見のひとつが微分積分です（あとの2つは光学と万有引

ボックス 4-1　限界便益と限界費用の数学的定義

パンについての便益関数を $B(x)$ とする．現在の消費量を x 個，追加の個数を h とするとき，便益は $B(x+h)-B(x)$ だけ増加する．この増加量を h で割れば，便益の増分をパン 1 個あたりの値に換算できる．

ここで，追加される h は限界量であるとして，$h \to 0$ の極限をとれば，**限界便益関数**が

$$MB(x) = \lim_{h \to 0} \frac{B(x+h)-B(x)}{h}$$

によって定義されることになる．MB は限界便益を意味する Marginal Benefit のイニシャルである．たとえば，a, b が定数であるとして，便益関数が $B(x)=ax-bx^2$ によって与えられるとき，上の定義に従って，$MB(x)=a-2bx$ と計算される．

同じように，費用関数が定数 c を用いて $C(y)=cy^2$ によって与えられるとき，**限界費用関数**は $MC(y)=2cy$ となる．ここで，MC は限界費用を意味する Marginal Cost のイニシャルである．

力)。それから100年以上にわたり、ニュートンの後継者たちは「限りなく0に近いけれども0ではない」不思議な存在についてはあまり深く考えすぎないように努めつつ、ニュートンの微積分の力によって科学を大いに進展させてきたのです。

やがてフランス革命が始まります。王族をギロチンにかけてしまったフランス共和国は、同じように王族を戴く他のヨーロッパ諸国と敵対することになりました。それまで盛んであった学問上の交流からも仲間外れにされ、フランスは自前で科学者を育成する必要に迫られます。そこで幾人かの数学者たちによって創立されたのが、今もつづく科学教育の名門エコール・ポリテクニークです。後に、レオン・ワルラスが不合格になる大学です。

史上初めて数学科を持った大学であるエコール・ポリテクニークでは、効率的かつ厳密な数学教育を実現するために、「0に限りなく近いけれど0ではない」というオカルト的存在を用いないですむような微分法の説明の仕方があれこれと検討されました。その結果として考案されたのが、いわゆる**イプシロン・デルタ論法**と呼ばれる手法です。この論法では、「0ではないけれども限りなく0に近づく数列」を導入します。そして、その数列の極限として限界量を考えます。現代の数学では、このようにして微分を厳密に定義するのです。詳細をボックス4-2に簡単にまとめておきます。

ボックス 4-2　数列の収束

数列 $\{h_n\}$ を,

$$h_1=1, \qquad h_2=\frac{1}{2}, \qquad h_3=\frac{1}{3}, \qquad \cdots\cdots$$

によって定めれば，これはすべての n について 0 ではなく，かつどんなに小さな数よりも，いつかは小さくなる数列である．より正確には,

（i）　どんな小さな正の数 ε(イプシロン)を選んでも,
（ii）　$n>1/\varepsilon$ を満たす，十分大きな n について,
（iii）　かならず $h_n<\varepsilon$ となる

ことがわかる.

この 3 段落からなる条件文を満たすとき，数列 $\{h_n\}$ は 0 に収束するものとみなされ，$h_n \to 0$，あるいは $\lim_{n\to\infty} h_n=0$ と書く．このようにして数列の収束を定義するやり方を，**イプシロン・デルタ論法**という.

この論法を用いれば,

$$MB(x)=\lim_{n\to\infty}\frac{B(x+1/n)-B(x)}{1/n}$$

によって，限界便益関数を厳密に定義することが可能となる.

現代数学の始まり

イプシロン・デルタ論法は、より「わかりやすい」数学教育の方法として始められたものではありますが、直観に頼らず形式化して議論するというそのスタイルは、数学の研究方法にも大きな影響を与えました。とくに微積分学は「無限大」に関わるロジックが頻出する分野なのですが、こと無限大が絡むと、人間の直観はとたんに怪しくなるのです。無限大から生じる怪しさを回避して、安心して使える体系を構築するために、数学の全分野で形式化が進みます。こうして、現代数学が始まります。

たとえば、現代数学の分野のひとつである**位相集合論**では、「距離」という概念を形式化します。つまり、日常的に使われる「近い・遠い」という言葉から直観を追い出して、「あるものと、他のあるものが『近い』とはどういうことだろう?」と真剣に、かつ厳密に考えるのです。そのようにして抽象化された距離の考え方に基づいて、古代ギリシャ以来の幾何学というものを考え直すのです。

この分野では、ドーナツとコーヒーカップを同一視するような一風変わった思考法をします。そんなものが一体何の役に立つのか、と思うことでしょうが、上級のミクロ経済学では、市場やゲームの均衡の存在を示すときなどに位相集合論が活躍するのです(6章を参照)。

さまざまな概念を形式化・抽象化することで、その適用範囲を広げ、社会や経済の分析をも可能としたのが現代数学の偉人さです。その始まりのひとつが微分の定義に現れる限界量にあったというわけです。

３　需要関数と供給関数の導出

最適な消費量を決定する

限界便益、限界費用が大切である理由は、それによって食べ過ぎ、働かせ過ぎを回避できるからです。ここでは限界便益を用いて、何個のパンを食べるのが最適であるのかという問題を考えてみます。

あなたはいま、１個のパンを食べ終えたところだとしましょう。そして、次のパン１個に対する限界便益は５００円であるとします。つまり、満腹感が加速的に増加する危険を無視すれば、２個目のパンに５００円分の魅力を感じているわけです。

ここで、パンの価格は１００円であるとしましょう。あなたは、どうするべきでしょうか？

最大で500円まで払ってよいと思っている美味しいパンが、たった100円で買えるのです。つまり、差し引き400円だけ得をします。これは迷うことなく「買い」です。

しかし、ここで注意です！

次のパンを丸ごと1個買ってしまうと、食べているあいだに急激に満腹する危険があります。限界便益は、あくまでもこの瞬間にだけ成立している評価です。そこで、慎重なあなたは限界量のパンを注文し、それに見合うだけの料金を分割払いするのです。

仮に限界量が100分の1個だとすれば、あなたは価格の100分の1である1円を支払って、100分の1個のパン(というかパン屑)を買い、追加便益の100分の1にあたる4円の満足を得るわけです。100分の1個のパン(というかパン屑)を食べたあなたは、限界便益を再び計測し、結果を価格と比較して、次の限界量を追加注文すべきかどうか考えます。

パン屋からすれば、微分の計算を繰り返しながら、何度も微量の追加注文を出してくる妙な客に店内に居座られて、さぞや迷惑なことでしょう。いまは、そういう不都合な現実は無視します。迷惑ではないパンの買い方については、次の5章で考えます。

塵も積もれば山となり、あなたの胃袋が満ちはじめます。追加のパンを食べるごとに少しずつ限界便益が低下して、やがて価格と等しくなったとしましょう。さて、どうする？

いま、この瞬間の、あなたのパンに対する評価は１００円です。そして、その１００円分の満足を得るために支払う価格も１００円です。１００円払って１００円を手に入れることになりますから、あなたにとってパンを買うのも買わないのも「どっちでもいい」わけです。経済学では、その「どっちでもいい」のことを「**無差別である**」といいます。

買っても買わなくても無差別であるなら、買わないことにしましょう。追加注文した結果、限界便益が価格を下回ってしまうなら、１００円を払ってそれ以下の満足しか得られないことになり、逆に損をしてしまうからです。ここでようやく追加注文が終了し、あなたは最大の満足を得て帰路につき、パン屋さんはホッと胸をなでおろすことでしょう。

というわけで、賢い消費者であるためには、慎重の上にも慎重に、少しずつ消費量を増やしていきながら、限界便益と価格とを比較考量すればよいのです。そして、「**限界便益＝価格**」となった時点で追加注文を止めれば、最大の便益が得られます。

企業についても同様です。少しずつ、ほんの数秒ずつ職人たちを残業させながら、各瞬間での限界費用を測定します。財の価格が限界費用を上回っている限りは、追加の残業代を売り上げでカバーできるわけですから、残業を命じ続けられます。やがて蓄積した疲労によって限界費用が上昇し、価格と等しくなった時点で生産を停止します。ということで、企業にとってもっとも効率的な生産量は「限界費用＝価格」が成立するときに達成されるわけです。

需要曲線を描く

さてここで、何らかの事情で価格が上がったものとしましょう。たとえば、小麦の価格が上がり、さきほどのパンは1個200円になったとします。さあ、今度はどうしましょう？

このときは、先ほどよりも少ない消費量で我慢しなければなりませんね。消費量を減らし、限界便益を高めて、価格と釣り合うようにしなければいけません。

このことを図で考えてみます。消費量の増加とともに限界便益は低下しますから、限界便益関数のグラフ（**限界便益曲線**）を描けば図4-2（i）のように右下がりになります。価格水準を表す水平線との交点が最適な消費量です。また、（ii）のように価格が200円に上がれば、価格水準を表す水平線も上昇し、消費量は減少しますね。

つまり、限界便益曲線が示しているのは、需要曲線そのものなのです。**限界便益をグラフに描けば、それがそのまま需要曲線に化ける**のです。びっくり。

同様に限界費用のグラフ（**限界費用曲線**）を描けば、それがそのまま供給曲線に変わります。最適な生産量は、価格を表す水平線と限界費用曲線の交点によって示されます。

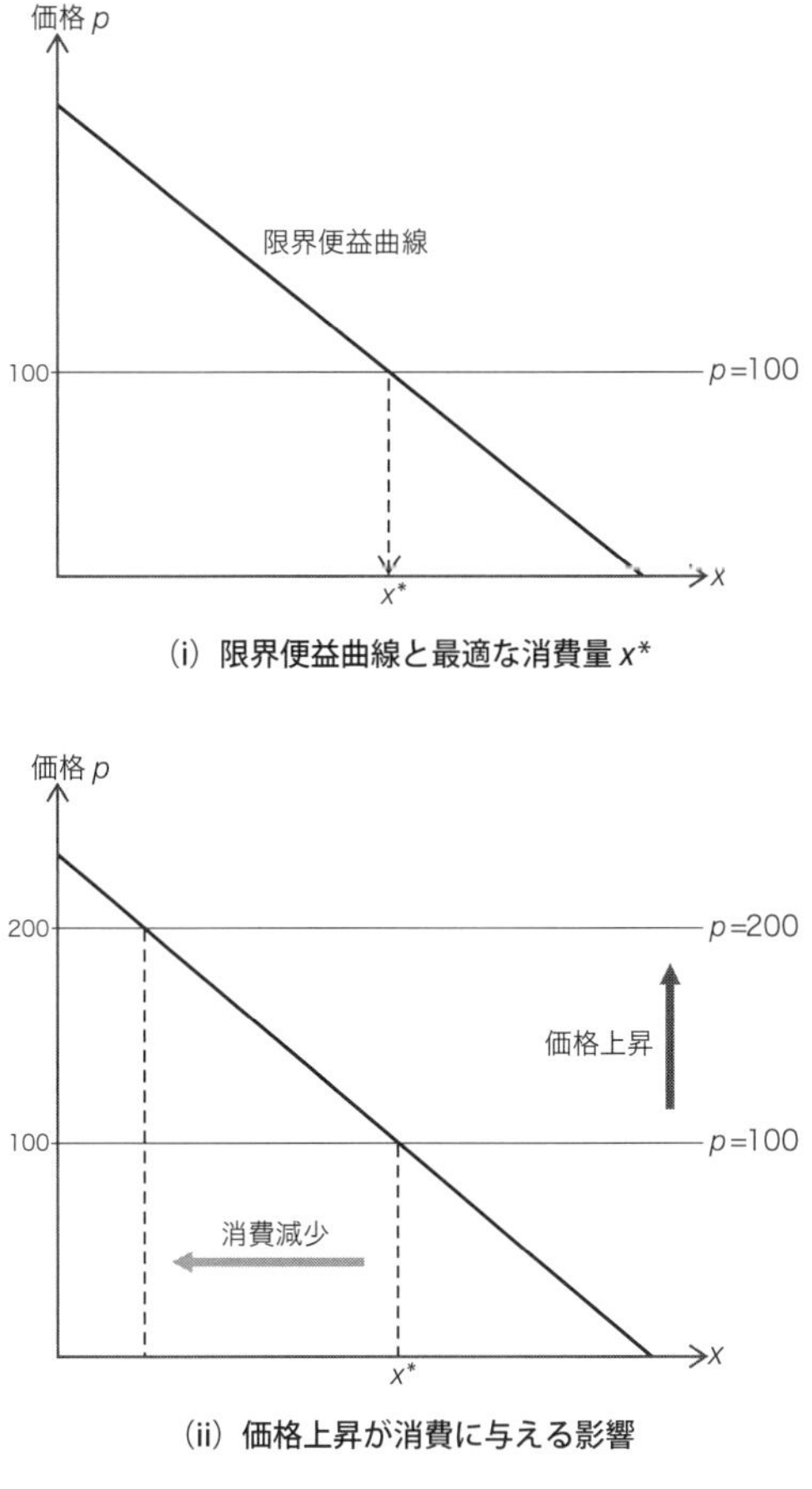

図 4-2　限界便益曲線が需要曲線であることの説明．(i)与えられた価格（p=100）と限界便益曲線の交点で最適な消費量が決まる．(ii)価格上昇は消費減少をもたらす．価格をタテ軸にとるマーシャルの流儀のおかげで作図が理解しやすくなっている

2章で需要曲線・供給曲線を描いたときには、価格が高くなると需要が減って供給が増えるのは「常識」的であるとして、その理由を深くは考えませんでした。いま明らかになったその理由とは、ざっくり言えば「パンを食べれば満腹し、労働すれば疲労するから」という、また別の「常識」だったわけです。

計算で求める

ボックス4-1(57ページ)で説明した微分の計算を応用すれば、与えられた便益関数の数式から、それに対応する需要関数を求めることは簡単です。便益関数を微分して限界便益関数を求め、それを価格に等しいとすれば計算終了なのです。同じようにして、費用関数から供給関数を求めることもできます。詳しい計算方法については、ボックス4-3をご覧ください。

ボックス4-3　需要関数・供給関数を微分計算で求める

微分計算によって，需要関数を導出してみる．ある消費者の便益関数が，正の定数 a, b によって $B(x)=ax-bx^2$ によって与えられているとしよう．ボックス 4-1 の計算により，限界便益関数は

$$MB(x)=a-2bx$$

となる．消費者は限界便益が価格を上回るかぎり消費量を増やし続け，$MB(x)=p$，すなわち

$$a-2bx=p$$

となった瞬間に消費を止める．これを変形すれば，この消費者の需要関数が

$$x=\frac{a}{2b}-\frac{p}{2b}$$

のように得られる．

同様に，ある企業の費用関数が $C(y)=cy^2$ であるなら，限界費用は $MC(y)=2cy$ によって求められる．したがって企業は，$MC(y)=p$，すなわち

$$2cy=p$$

が成り立つところまで生産量を増やす．これを変形すれば，この企業の供給関数が

$$y=\frac{p}{2c}$$

のように得られる．

第5章
関数の最大化
山の頂で考える

4章で紹介した「限界」の考え方を応用して，経済学に現れる「最適化問題」を解きます．「一階の条件」「二階の条件」「凹関数」などの重要な概念が登場します．この章を読めば，経済学における微分計算の重要性が理解できるでしょう．

1　局所と大域

遥かなる「大坂」

筆者が少年時代を過ごしたのは、関東平野のど真ん中、栃木県の壬生町《みぶ》というところです。日本列島の形成以来、数千回は繰り返されたであろう利根川水系の氾濫が生み出した、それはそれは真っ平らな、どこまでも果てしなく平らな土地です。

見渡すばかりのかんぴょう畑と、やたらと数の多い古墳の他には、とりたてて何もない土地です。その地において、あの当時、筆者を含む少年たちが夢中になっていたのは、とある大きな坂でした。平らなる彼の地にあっては例外的に急峻なその坂に、放課後になると近所に住む小学生たちが自転車に乗って集まってくるのです。この坂を、少年たちは畏敬の念を込めて「大坂《おおさか》」と呼んでおりました。

大坂のてっぺんに立つと、左手の遥か遠くに獨協医科大学の白い建物が見えました。右手には夕焼け空の下に果てしなく連なる鉄塔の列が見えました。そして、少年たちは自転車のサドルに腰掛け、ペダルを一気に踏み込んで、大坂を急降下するのです。

大人になってから、久しぶりに大坂を訪れた筆者は驚愕しました。かつては断崖絶壁に見えていた伝説的な存在である大坂は、現実には高低差数メートルの小さな丘の斜面だったのです。坂の上から見える光景も、端から端まで、せいぜい徒歩で数十分の範囲に過ぎませんでした。大人になって世界の広さに触れた筆者には、かの坂もほとんど平地にしか思えなくなっていました。

これが局所と大域の一例です。局所的に、ある限られた範囲の中でのみ、最高となる地点を**極大点**《きょくだい》といいます。それに対して、大域的《たいいき》にどこよりも高い地点を**最大点**といいます。大坂は極大点に過ぎず、チョモランマの山頂こそが最大点だったのです。

このように局所と大域の区別に注意してみると、４章で考えた最適な消費量・生産量の求め方は、あくまでも極大点を探すための方法に過ぎなかったことがわかります。たとえば、消費者は、少しずつ量を追加しながら消費量を決めていましたが、じつはそのまま我慢して食べ続ければ、突如としてパンが美味しくなって、どこまでも便益が増加する桃源郷が現れていたかもしれないのです。企業にしても、限界を超えて従業員を働かせていれば、彼らにもランナーズハイならぬ「ワーカーズハイ」が訪れて、生産性が格段に向上したかもしれません。そこでこの章では、前章よりも大域的な視点から、需要と供給を決定する方法について考えます。

一階の条件

それが極大点であれ最大点であれ、山の頂上においてかならず成り立つことがあります。それは、山の頂上では傾きが0になるということです。

図5-1をご覧ください。描かれているのは「大坂」の概形です。遠く離れたところには、それより高い場所があるのですが、少なくとも局所的には、極大点が最高地点になっています。矢印は接線の傾きです。確かに、極大点において、接線の傾きは0になっています。

この図を関数のグラフとみなせば、接線の傾きはその関数の微分に等しくなります。ゆえに、「関数の極大点において、微分の値は0になる」という定理が成り立ちます。これを、関数の最適化についての**一階の条件**といいます。

しかし、すでにみなさんもお気づきでしょうが、一階の条件はあくまでも必要条件に過ぎません。実際に、図中の**極小点**や**変曲点**でも、接線の傾きは0になっています。極大点であれば微分の値は0ですが、微分が0になる点が極大点とは限らないというわけです。

したがって、一階の条件は、あくまでも極大点の候補を見つけるために用いられます。一階の条件によって発見された点が実際に極大点であり、さらに最大点であることを確認することが、次なる課題になるわけです。

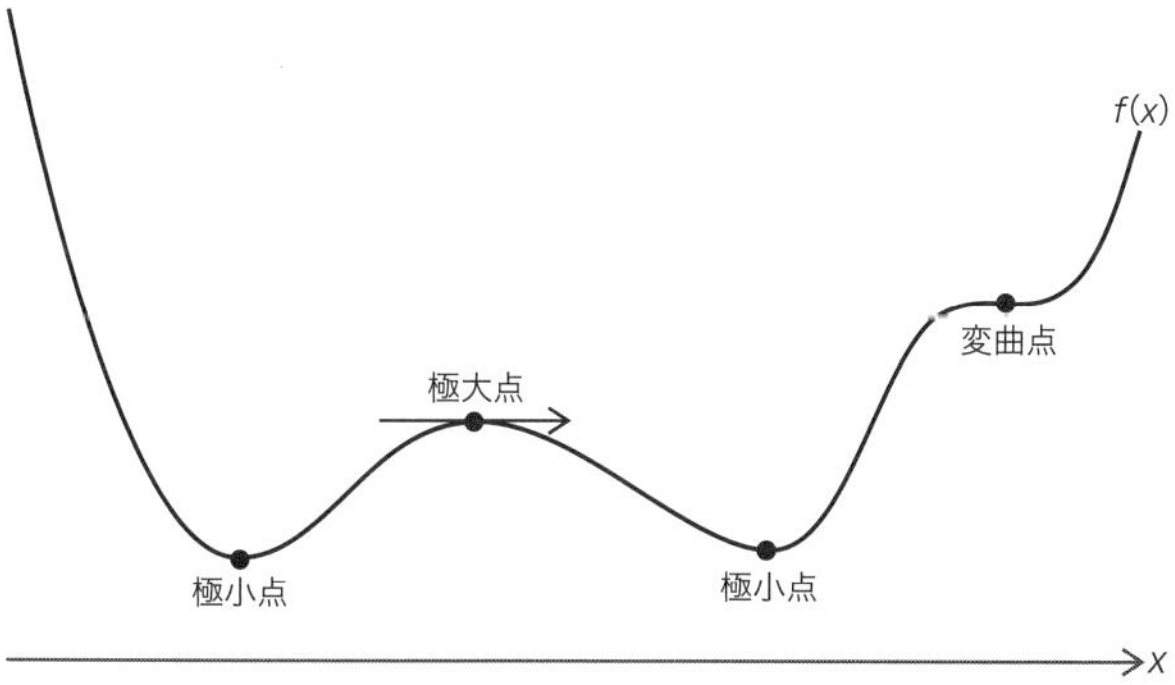

図 5-1　関数 $f(x)$ の極大点，極小点，変曲点の様子．とくに極大点において，グラフの接線は傾きが 0 になっている

純便益と利潤

まずは、一階の条件を用いて、消費量を決定する問題を考えてみましょう。はじめに、最大化される山である**目的関数**を決めなくてはなりません。たとえば、ある消費者が、いくらかのお金を払ってパンを買い、それを食べて便益を得ているとするならば、この消費者の手元に残るのは便益と支出の差額です。これを**純便益**あるいは**消費者余剰**《よじょう》といいます。すなわち、

純便益　=《イコール》　便益　−《マイナス》　支出

であり、これが、消費者が最大化すべき目的関数になります。

図5-2に純便益の様子を図示しています。消費量を増やしていけば、便益と支出はともに増加します。満腹になるにつれて便益の伸びは鈍っていきますが、支出は無情にもまっすぐ増え続けます。したがって、いつかは支出が便益を上回り、純便益は「赤字」になるでしょう。それより手前の純便益が最大になる点Aにおいて、消費者は自分の消費量を決めるはずです。

企業についても同じように、企業が最大にしようとする目的関数は収入と費用の差額である**利潤**(あるいは**生産者余剰**)であると考えられます。利潤についても図5-2とまったく同様のグラフが描かれ、その最大点において、企業は生産量を決定します。

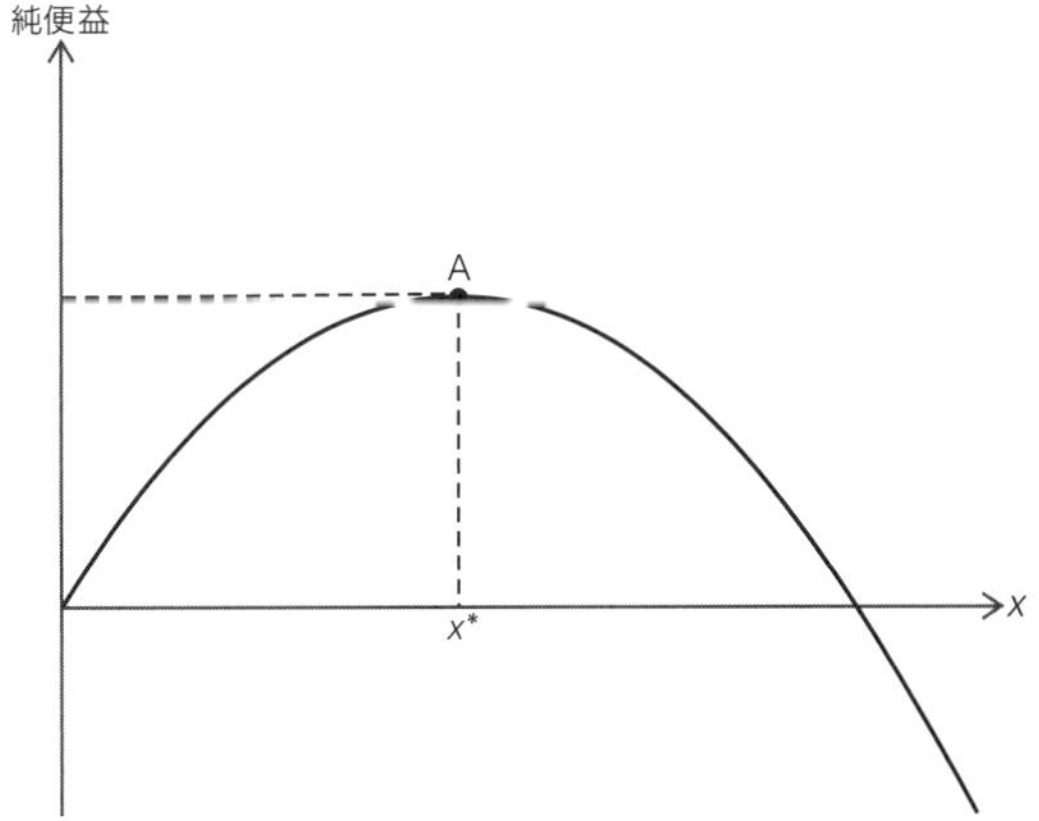

図 5-2　純便益のグラフ．最適な消費量 x^* において純便益が最大になっている．消費者はこの点において消費を行う

需要関数・供給関数を導く

したがって、一階の条件を用いて需要関数を求めるときには、まずは純便益を表す関数を作り、次にそれを微分して0に等しいとすればよいわけです。ボックス5-1に具体的な計算方法を説明しました。4章のボックス4-3(67ページ)と同じ結果が得られています。経済学的な考察によって得られた消費量の決定ルール「限界便益=価格」は、じつは極大化の一階の条件と数学的に同じものだったのです。

供給関数についても同様に、利潤極大化の一階の条件から導出することができます。得られる結果は、「限界費用=価格」によって求めたものと同じです。

このように、需要関数、供給関数を求めるやり方には、限界量と価格を比較する方法と、適切な目的関数を極大化する方法があるわけです。数学的には同じことで、どちらを使っても同じ結果が得られますが、その解釈は微妙に異なります。一階の条件を使うときには、自分の純便益関数の全体像を知っている消費者を想定していますが、4章の方法は、自分の便益関数の全体を知らずに限界計算を繰り返しながらパン屑を追加注文し続ける消費者を考えています。

経済学の理解のためには、どちらの考え方も等しく有用なものです。とくに、価格が変化したときに何が起こるのかを予想する場合などには「限界=価格」公式のほうが手軽です。

ボックス 5-1　一階の条件から需要関数・供給関数を求める

ある消費者の便益関数が $B(x)=ax-bx^2$ であるとする．財の価格が p であるなら，x 単位の消費に要する支出額は px である．よって，このとき得られる純便益は

$$NB(x)=(ax-bx^2)-px$$

である．ここで NB は，純便益を意味する Net Benefit のイニシャルである．純便益が最大であるとき，その微分は 0 である．したがって，$(a-2bx)-p=0$，あるいはこれを変形して，

$$x=\frac{a}{2b}-\frac{p}{2b}$$

を得る．これはボックス 4-3 で求めた需要関数と同じである．

同様に企業について，y 単位の生産がもたらす収入は py である．企業の費用関数が $C(y)=cy^2$ であるならば，利潤は

$$\Pi(y)=py-cy^2$$

となる．ここで Π(パイ)はギリシャ文字 π の大文字で，経済学では利潤を表現するときに用いられる．利潤極大化の一階の条件は，Π を y で微分することで，$p-2cy=0$ によって与えられる．これを整理すれば，供給関数が

$$y=\frac{p}{2c}$$

として求められる．これもボックス 4-3 と同じ結果である．

クールノーによる独占の分析

一階の条件を経済学に応用した例として、1章で紹介したクールノーの経済モデル(図1-2、9ページ)を検討してみましょう。

1章でも申し上げましたように、筆者にはフランス語がまったくわかりません。しかし、幸いにも岩波文庫から、中山伊知郎先生による翻訳本が出ていました。図1-2に示した内容に対応するのは、「第五章　独占について」の箇所です。とはいえ、この翻訳が出たのも1936年であり、じつに古式ゆかしい文体で書かれたものでしたので、筆者による解説を補った説明をボックス5-2に示しました。時空を超えてクールノー先生の教えに触れたい方は、ぜひご一読ください。

著書の出版から200年近くを経て、遥か遠い日本の地で読者を得たことを知れば、泉下のクールノー先生もさぞや喜ばれることだろうと思います。

ボックス5-2　クールノー『独占について』

神秘的なまでの治癒効果がある鉱泉を私有する，ひとりの地主を想像しよう．この鉱泉から，地主はただ同然の費用でいくらでも水を汲み出すことができる．地主は水を独占販売することにした．まずは高い価格を付けて，そこから少しずつ価格を下げていった結果，1リットルあたりの水の価格が p であるときには $F(p)$ リットルの水が売れることを知った．すなわち，$F(p)$ はこの水への需要関数である．

価格が p であるときに地主が得る収益は $\Pi(p)=p\cdot F(p)$ となる．この収益が最大に達した点で，地主はその他の価格を試すことを止め，以後はその価格で販売を続けるだろう．

一階の条件により，利潤を最大にする価格は

$$\Pi'(p)=F(p)+p\cdot F'(p)=0$$

を満たす（ただし右辺は「関数の積についての微分公式」を用いている．すなわち，$h(x)=f(x)\cdot g(x)$ のように2つの関数の積によって定義される関数の微分は，$h'(x)=f'(x)\cdot g(x)+f(x)\cdot g'(x)$ によって計算される）．

一階の条件を用いれば，最大化された収益の額は

$$p\cdot F(p)=\frac{F(p)^2}{-F'(p)}$$

と表現される．右辺は $F(p)$ だけで決まる．すなわち，鉱泉の独占から得られる収益の多寡は，需要の法則のみに依存する．

2　極大化の二階の条件

極大を見分ける

一階の条件はあくまでも必要条件です。一階の条件が満たされたからといって、ただちに極大点を見つけたとは言えません。一階の条件を満たす点が、果たして極大点であるのか、極小点であるのかを判定するのに用いられるのが**二階の条件**です。二階の条件を説明するには、簡単なものから難しいものまで、いくつかのやり方がありますが、ここでは二次関数と比較する一番簡単な説明をしておきましょう。お手数ですが、47ページに戻って図3-3をご覧ください。2乗項aの正負に応じて、2種類の放物線が描かれています。極大になるためには、2乗項の係数aが負になり、グラフが山型になることが必要です。

二次関数の2乗項の係数を取り出すには、1回微分して得られた結果を、もう1回微分します。したがって、目的関数を2回微分した結果が負であれば、一階の条件の解は極大点を与えます。以上の詳細を、ボックス5-3で説明しています。

ボックス 5-3　極大の二階の条件

一般の関数 $f(x)$ を1回微分した結果を $f'(x)$ と書き，**一階導関数**と呼ぶ．また一階導関数をもう1回微分した結果を $f''(x)$ と書き，これを**二階導関数**と呼ぶ．たとえば，一般の二次関数 $f(x)=ax^2+bx+c$ については，

$$f'(x)=2ax+b, \qquad f''(x)=2a$$

となる．

目的関数を $f(x)$ とし，その一階の条件 $f'(x)=0$ を満たす点を x^* としよう．ここでさらに，

$$f''(x^*)<0$$

が成り立っているならば，x^* は極大点となることが知られている．これを極大化の**二階の条件**という．

実際に，純便益関数を $NB(x)=(ax-bx^2)-px$ とするとき，一階の条件 $NB'(x)=0$ を満たす消費量 x^* のもとで，

$$NB''(x^*)=-2b<0$$

となる（$b>0$ とする）．

企業の利潤 $\Pi(y)=py-cy^2$ についても，一階の条件 $\Pi'(y)=0$ を満たす生産量 y^* のもとで $\Pi''(y^*)=-2c<0$ である．

本書ではこれまでのところ、一次関数と二次関数を中心的に扱っていますので、二階の条件は無用の長物に思えます。目的関数が二次関数であるのなら、その2乗項の符号はひと目でわかるからです。しかし、目的関数が二次関数ではない状況や、あるいはまったく特定化されない一般の関数のままであるときには、二階の条件を確認するのはとても重要です。

二階の条件を確認するのを忘れたせいで、極大点と極小点を取り違えてしまう悲劇は、経済理論の研究をしている修士課程の大学院生にはよく起こることです。何日もかけた計算結果を必死でまとめた修士論文の口頭試問の場において、二階の条件が満たされていないことを審査員に指摘されて撃沈する悲劇を、これまでに二度ほど見たことがあります。誤っている以上は誤りにしかなりませんから、数学とは、時としてじつに無情なものだなあと思います。

テイラー展開

二次関数に限らない一般的な関数について、二階の条件を導くためのやや高度な手法としては、**テイラー展開**が知られています。これはいわゆる「平均値の定理」を発展させたもので、「任意の関数」を高次の多項式で近似しようというものです。ご参考までに、テイラー展開と、それを用いた二階の条件の導出をボックス5-4に示しておきます。

ボックス 5-4　テイラー展開と二階の条件

関数 $f(x)$ を n 回微分した結果を $f^{(n)}(x)$ と書く．このとき，$x=a$ において

$$f(x)=f(a)+f^{(1)}(a)\cdot(x-a)+\frac{f^{(2)}(a)}{2!}\cdot(x-a)^2+\cdots$$

$$+\frac{f^{(n)}(a)}{n!}\cdot(x-a)^n+\cdots$$

が成り立つ．これを $x=a$ 周りでの $f(x)$ の**テイラー展開**という．

一階の条件 $f'(x)=0$ の解を x^* としよう．このとき，

$$f(x)=f(x^*)+\frac{f^{(2)}(x^*)}{2}\cdot(x-x^*)^2+\cdots+\frac{f^{(n)}(x^*)}{n!}\cdot(x-x^*)^n+\cdots$$

が成り立つ．また x は x^* の十分近くにあって，$n\geq 3$ のときには $(x-x^*)^n$ は無視できるほど小さいと考えれば，

$$f(x)=f(x^*)+\frac{f^{(2)}(x^*)}{2}\cdot(x-x^*)^2$$

という局所的な近似式が得られる．

右辺の近似式は二次関数であるから，もし $f^{(2)}(x^*)<0$ であるなら，そのグラフは $x=x^*$ を極大点にもつ．

テイラー展開の直観的な理解は以下のとおりです。すなわち、二次関数のグラフは頂点を1つだけもつ放物線です。三次関数のグラフは、頂点を2つもつN字型、四次関数の場合は3つの頂点をもつW字型を示します。このことから、多項式関数は、次数が大きいほど多くの頂点を持つグニャグニャのグラフを示すことがわかります。このたくさんの頂点の位置をうまく調整すれば、与えられた関数のグラフを近似できるというのがテイラー展開です(図5-3)。

テイラー展開は数学科や経済学科の大学1年生が必ず習う内容で、現在では常識的なものになりつつありますが、かつては立派に最先端の数学の一つでした。そのことを示す面白い歴史エピソードが知られています。20世紀の初頭、革命真っ最中のロシアの街を、汚い身なりの男が独り言を呟きながら歩いています。それを見た一人の兵士が、不逞の輩ではないかと怪しんで彼を呼び止めたのです。何者であるかと問われた男は慌てて、自分はただの数学者であると答えました。

「ほほう。お前が数学者であるというのなら、テイラー展開の公式を述べてみよ!」

兵士にそう要求されて、男は急いで街路に落ちていた小石を拾って、公式を書き上げ、無事に解放されたとか。この男こそは、後にノーベル物理学賞を受賞するイゴール・タム博士なのですが、筆者はむしろ、その兵士こそ何者だったのか気になって仕方ありません。

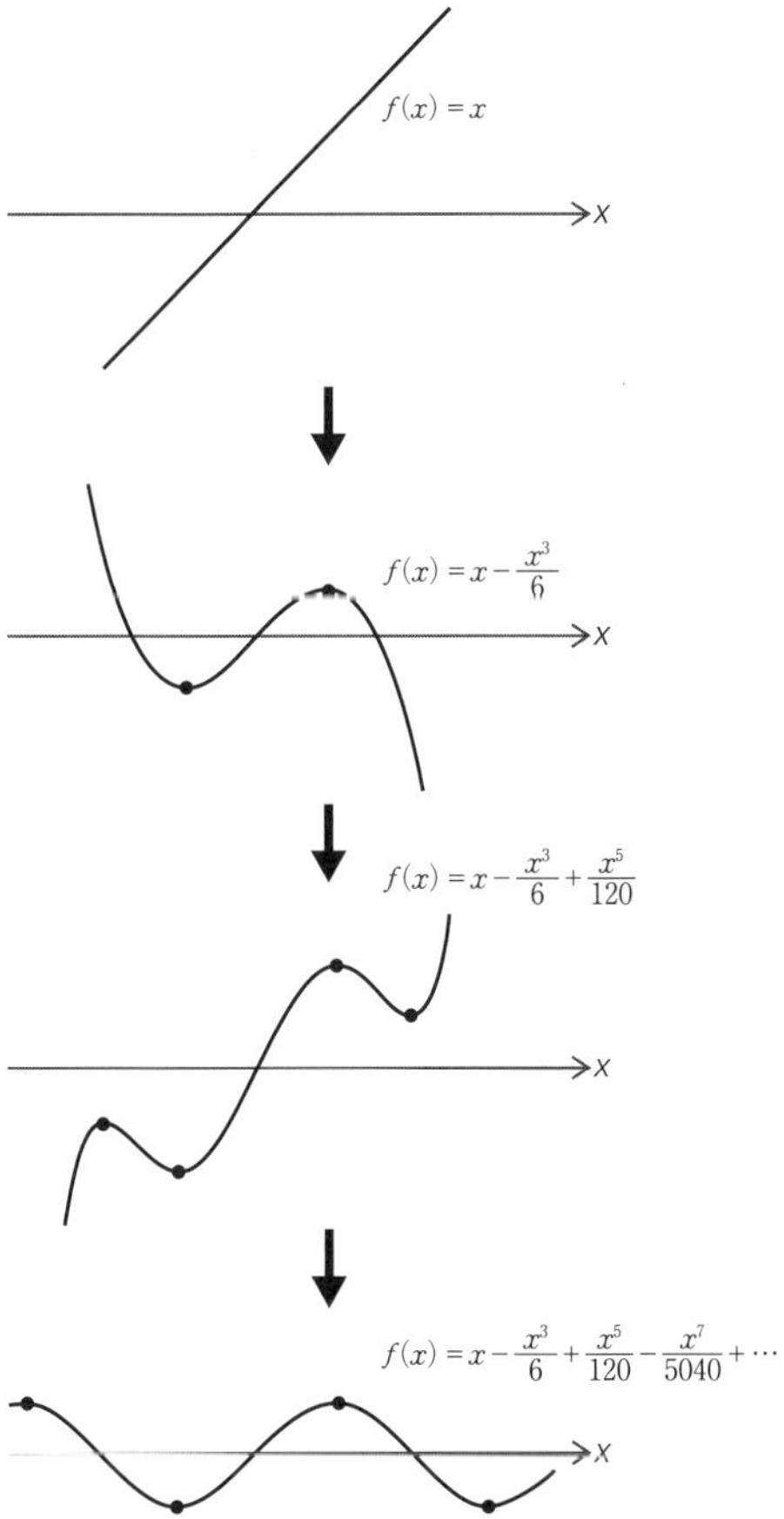

図 5-3　三角関数のテイラー展開 $\sin x = x - \frac{x^3}{6} + \frac{x^5}{120} - \frac{x^7}{5040} + \cdots$ の様子．新たな項が追加されるたびにグラフの自由度が増して近似が正確になっていく様子がわかる

3　関数の凹性と最大化

凹関数

ある点において一階の条件が成り立つならば、それは極大点の候補です。二階の条件も満たされるならば、それは確かに極大点です。しかし、極大点が最大点であるかどうかは、いまだに判定されていません。

極大点が大域的にも最大であることを保証してくれるのが**関数の凹性《おうせい》**です。ある関数が凹であるとは、図5-4(i)のように、上方に突き出した山型のグラフを持つことです。より正確には、グラフ上に任意に取った点において、接線が必ずグラフの上に位置することを言います。図の(ii)には凹でない関数が示されていますが、関数のグラフと接線が交差しています。

このグラフを眺めれば、凹である関数の接線の傾きが0ならば、そのときただちに関数が最大値をとることがわかります。つまり、このとき極大点が見つかれば、それがそのまま最大点になるのです。よって、与えられた関数が凹であることさえ確認できれば、一階の条件を解くだけで最大点が見つかることになります。これは大変お手軽です。

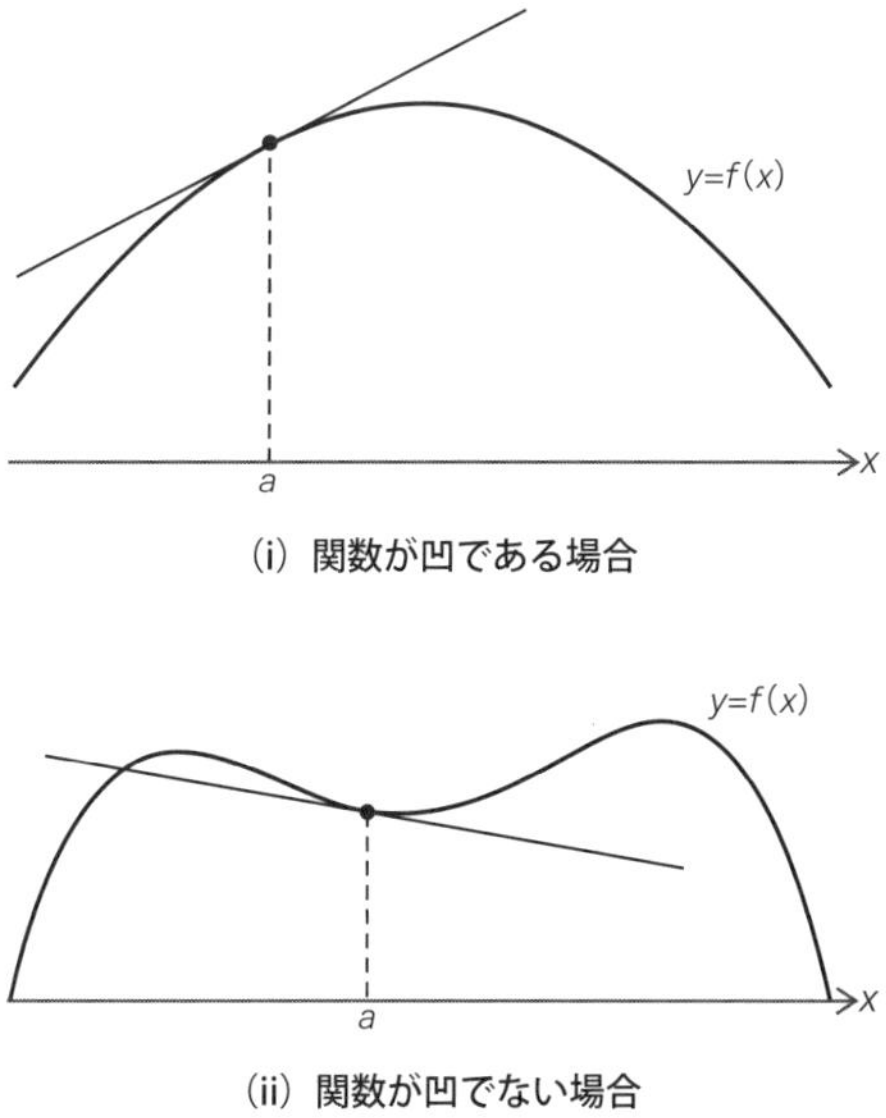

図 5-4　関数 $y=f(x)$ のグラフと接線の位置関係．関数が凹である(i)の場合では，接線は必ず $y=f(x)$ のグラフの上方に位置して交点をもたない．それに対して関数が凹でない(ii)の場合には，接線が $y=f(x)$ のグラフと交差している

凹関数と二階の条件

ある関数が凹であるための条件は、その関数を2回微分した値がすべてのxについて負になることです。すなわち、一階の条件の解においてだけでなく、あらゆる点において二階の条件が満たされているときに関数は凹になります。

とくに純便益関数と利潤関数はいずれも、二階導関数がつねに負になります(ボックス5-3、81ページ)。ゆえに、これらは凹関数です。したがって、4章の「限界=価格」公式は、消費者と企業を確かに最大点に導くものだったわけです。

数学が好きな人向けに、二階導関数と凹関数に関する解説をボックス5-5にまとめました。発想としては、まずはテイラー展開をうまく使って関数を二次関数で近似して、2乗項の符号を確認するだけです。これは、より上級の経済数学でも繰り返して用いられる論法ですので、あなたが厳密性にこだわるタイプの人であるなら、テイラー展開の考え方をマスターしておくことは後々まで効いてくると思います。

もし、あなたが計算さえできれば細かいことは気にならないタイプなら、この辺のことは適当にこなしておけば大丈夫です。将来、日本で革命騒ぎが起こったときには、少し困ったことになるかもしれないですけどね。

ボックス 5-5　凹関数と二階導関数

一般の関数 $y=f(x)$ が凹であるとする．したがって，その接線は $f(x)$ のグラフの上に位置する．点 $x=a$ における接線は，$y=f(a)+f'(a)\cdot(x-a)$ という一次式によって表される(図 5-4(ⅰ)参照)．

また，点 $x=a$ の十分近くでは，テイラー展開により

$$f(x)=f(a)+f'(a)\cdot(x-a)+\frac{f''(a)}{2}\cdot(x-a)^2$$

という近似が成り立つ．

したがって，関数が凹であるならば，

$$f(a)+f'(a)\cdot(x-a)>f(a)+f'(a)\cdot(x-a)+\frac{f''(a)}{2}\cdot(x-a)^2$$

であり，これを整理して $f''(a)<0$ を得る．点 $x=a$ は適当に選んだ点であるから，結局は，すべての x について $f''(x)<0$ となることが凹性の条件になる．

とくに純便益関数 $NB(x)=(ax-bx^2)-px$ については，$b>0$ であるならば，$NB''(x)=-2b<0$ がつねに成り立つから，これは凹関数である．

市場の均衡

以上により、需要関数と供給関数が与える消費量と生産量は大域的にも正しい選択であることが保証されました。需要と供給が揃えば市場の完成です。

市場は、消費者と企業に次いで経済を構成している第三のプレイヤーです。彼の興味は需要と供給を一致させることにしかありません。たとえば品不足が発生しているときには、市場は財の価格を引き上げます。逆に、売れ残りが生じたときには価格を引き下げます。このように、市場が価格の上げ下げによって需給を擦り合わせようとする機能を**ワルラス的価格調整**といいます。もちろん、この名称は我らがレオン・ワルラスにちなむものです。市場は、需要と供給が一致する**完全競争均衡**《きんこう》に至るまで諦めることなく価格調整を繰り返します。

こうして均衡に至った市場が図5-5です。均衡において成立している価格を**(完全競争)均衡価格**、財の数量を**(完全競争)均衡数量**といいます。重要なことなので繰り返し強調しますが、ここで価格を決めたのは市場であって企業ではありません。完全競争の状況下では、企業には積極的に価格に影響を及ぼすことが禁じられているのです。

完全競争均衡には、さまざまな素晴らしい性質があります。しかし、ここから先の分析は、ミクロ経済学に委ねましょう。

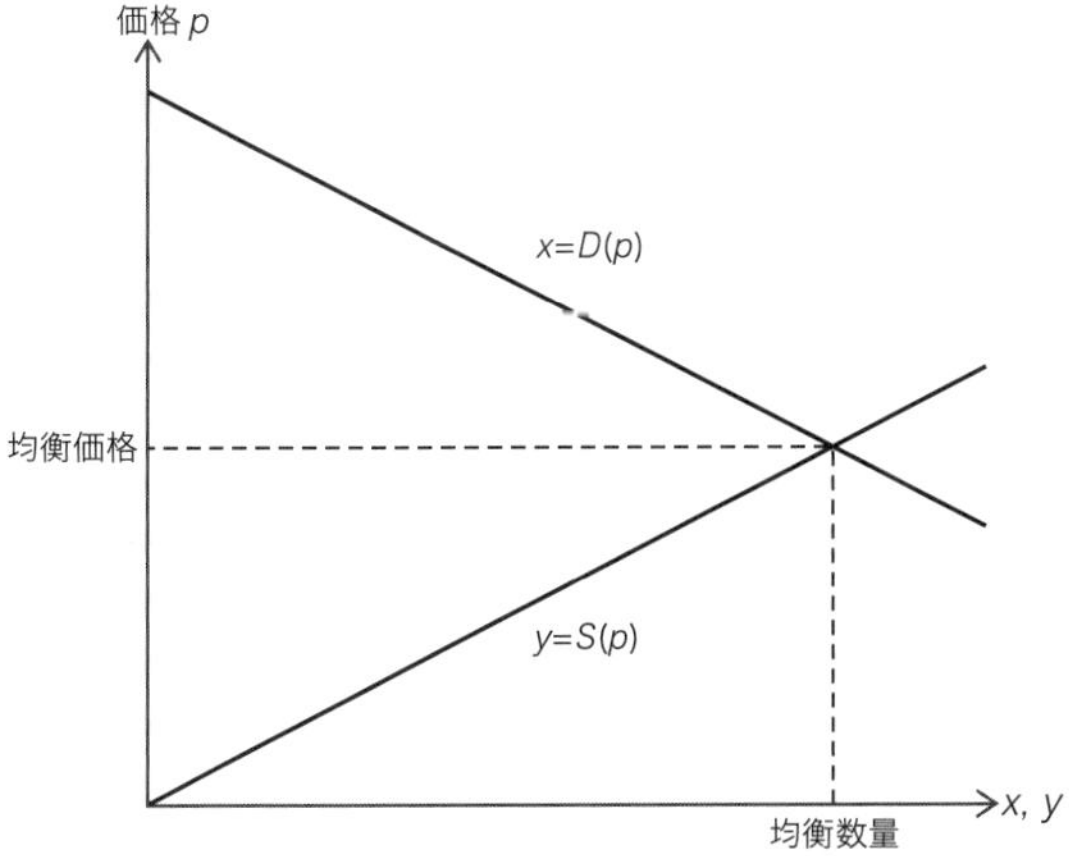

図 5-5　完全競争均衡の様子．完全競争均衡では，均衡価格と均衡数量が市場によって決定される

入門の入門

第6章

多変数関数の最適化

ケーキとコーヒーの黄金比

この章では，多くの変数をもつ「多変数関数」を導入します．また，多変数関数の最適化手法として，経済学において最もよく用いられる重要な計算法である「ラグランジュの未定乗数決定法」を紹介します．この方法をマスターすれば，基本レベルの経済数学は卒業です．

1　効用関数

ケーキとコーヒー、鰻と梅干し

どんなに美味しいケーキでも、それだけを食べ続けるのは拷問です。同様に、どんなに薫り高いコーヒーも、3杯目くらいからは飲むのがしんどくなりますね。

けれども、ケーキとコーヒーを一緒に食することができるなら最高です。そこから得る満足は、ケーキだけ、コーヒーだけを別々に食した満足の単純な和ではありません。

刺身と醤油とか、カレーライスとラッシーとか、別々より一緒に消費したほうが満足の高まる財の組み合わせは食べ物に限らずいくらでもあります。逆に、一緒に消費しないほうがよいといわれる組み合わせもあります。有名なところでは鰻と梅干しやスイカと天ぷら。その他にも、焼肉とおしるこなども、考えただけで頭がくらくらする食べ合わせです。

というわけで、ひとが消費から得る満足は、何を消費したかというだけでなく、何と一緒に消費したかにも依存します。つまり、消費から得る喜びは、複数の財を変数にもつ**多変数関数**だということです。

そこで、この章では、これまでは1種類の財だけに依存していた便益関数を拡張して、複数の財を組み合わせた消費から得られる満足を測る関数を考えることにします。数学的にも経済学的にも、より上級の理論の入り口となる内容です。

効　用

この章では、便益という計測尺度の一般化もあわせて考えます。

便益とは、ある財の消費から得られる満足を金額評価したものでした。財がパンだけなら、パンを1個ずつ食べながら、「今の自分の満足は、金額で評価したら何円だろう?」と考えることは可能でしょう。一度にせいぜい5個も食べれば満腹するでしょうから、試行の回数も少なくてすみます。しかし、パンに加えて複数の種類のケーキやコーヒーや、その他思いつく諸々の財について、そのあらゆる数量の組み合わせに対する評価を1円単位で与えることは大変な作業です。

そこで経済学では、便益を一般化した満足の尺度として効用《こうよう》というものを考えます。効用は個人別の主観的な尺度であり、金額のように客観的なものではありません。

たとえば、筆者が紅茶のシフォンケーキ1個とカフェオレ1杯から感じる効用は「8タナカ」ですが、こんな主観的な情報では、筆者が何を感じているのか全然わからないですよね。

効用について重要なのは、それが他人にも理解可能であることではなく、同じ個人の内部で一貫性をもつことです。つまり、筆者がある消費パターンA（紅茶のシフォンケーキ1個とカフェオレ1杯）に感じる効用が8タナカであり、他の消費パターンB（日本酒1升と枝豆200グラム）から得られる効用が4タナカであるとすれば、このときには筆者はかならず消費パターンAのほうが好きな甘党でなければなりません。効用の考え方が要求するのは、個人が自分自身の内側で、異なる消費パターンのあいだの優劣を判定できることだけであって、どこかの誰かと比較して、どちらのほうがケーキ好きかを判定できることではないのです。

効用関数

与えられた消費パターンに対して、それを消費したときの効用を対応させる関数を**効用関数**といいます。効用関数は多くの変数をもち、それぞれの変数は各財の消費量を意味します。経済学で頻繁に用いられる代表的な効用関数の例をボックス6-1に示しました。個人のあり方は千差万別ですので、これらの関数形のうちのどれかが「正しい」わけではありません。用途に応じて選択される作業仮説のようなものです。

ボックス 6-1　代表的な効用関数

ある市場には n 種類の財があり，各財の消費量を $x_1, \cdots, x_n$ によって表すとする．これらの消費量の組み合わせから，ある個人が得る効用の大きさ u を $u=U(x_1, \cdots, x_n)$ のように表すとき，これを**効用関数**という．

コブ＝ダグラス型効用関数とは，適当な正の定数 $\alpha_1, \cdots, \alpha_n$ を用いて，

$$U(x_1, \cdots, x_n)=x_1^{\alpha_1}\cdot \cdots \cdot x_n^{\alpha_n}$$

によって定式化されるものである．たとえば，市場に存在する財が 2 種類であるときに $U(x_1, x_2)=x_1\cdot x_2$ のような効用関数を想定するならば，これはコブ＝ダグラス型である．

また，

$$U(x_1, \cdots, x_n)=(\beta_1 x_1^{\rho}+\cdots+\beta_n x_n^{\rho})^{1/\rho}$$

というタイプは**代替弾力性一定型効用関数**という．ここで $\beta_1, \cdots, \beta_n$ および ρ は正の定数であり，とくに $\rho<1$ とする．例として $U(x_1, x_2)=(\sqrt{x_1}+\sqrt{x_2})^2$ などがある．

少し風変りな定式化として，次の**レオンティエフ型効用関数**がある．

$$U(x_1, \cdots, x_n)=\min\{\alpha_1 x_1, \cdots, \alpha_n x_n\}$$

これは，n 個の数字 $\alpha_1 x_1, \cdots, \alpha_n x_n$ のうちで最小の数が効用の値として選ばれるというものである．たとえば x_1 を右靴，x_2 を左靴の足数とすれば，$U(x_1, x_2)=\min\{x_1, x_2\}$ は左右がそろったペアを数える関数である．

現実の経済データを用いて実証分析を行う際には、コブ＝ダグラス型が好んで用いられています。データの当てはまりはまずまず良好なようです。経済学でこの関数を使用することを提案したのは、アメリカの数学者にして経済学者チャールズ・コブ氏と、上院議員ポール・ダグラス氏のコンビです。

限界効用

効用関数と便益関数には、本質的には大きな差はありません。したがって効用関数についても、その限界量を考えることができます。

たとえば、ケーキとコーヒーの市場を考えましょう。その市場にやってきた消費者が、1個のケーキと1杯のコーヒーを消費したところだとします。この状態で、コーヒーの量はそのままで、ケーキを限界量だけ増加させたときの効用の増加率を「ケーキの**限界効用**」といいます。「コーヒーの限界効用」についても同様です。

数学的には、これは**偏微分**《へんびぶん》と呼ばれます（ボックス6-2）。名前こそ変わりますが、微分に用いない他の変数を一時的に定数であると考えて、いままでどおりの微分の計算をするだけです。したがって、計算的には普通の微分とまったく同じです。

ボックス6-2　限界効用と偏微分

効用関数 $u=U(x_1, x_2, \cdots, x_n)$ について，他の財 $x_2, \cdots, x_n$ の量を一定に保ったまま，財 x_1 の量だけを微小に変化させた変化率の極限を

$$\frac{\partial U}{\partial x_1}=\lim_{h\to 0}\frac{U(x_1+h, x_2, \cdots, x_n)-U(x_1, x_2, \cdots, x_n)}{h}$$

によって計算するとき，これを x_1 による**偏微分**，あるいは財 x_1 の**限界効用**という．他の財 $x_2, \cdots, x_n$ についても，同様に限界効用を定義できる．

コブ=ダグラス型効用関数の場合は，

$$\frac{\partial U}{\partial x_1}=(\alpha_1\cdot x_1^{\alpha_1-1})\cdot x_2^{\alpha_2}\cdot\cdots\cdot x_n^{\alpha_n},$$

$$\cdots,$$

$$\frac{\partial U}{\partial x_n}=x_1^{\alpha_1}\cdot x_2^{\alpha_2}\cdot\cdots\cdot(\alpha_n\cdot x_n^{\alpha_n-1})$$

のように計算される．たとえば，$U(x_1, x_2)=x_1\cdot x_2$ の場合には

$$\frac{\partial U}{\partial x_1}=x_2, \qquad \frac{\partial U}{\partial x_2}=x_1$$

となる．これは「ケーキの味わいは一緒に飲んでいるコーヒーで決まる」ことを示していて，ある種の哲学を感じる．

2　効用関数の最大化

多変数関数の最大化

一般の多変数関数の最大化問題は、変数が1つのときと同じやり方で解けます。山の頂は平らですので、最大点ではすべての偏微分の値が0になります。これが極大化の一階の条件です（ボックス6-3）。これまでと同じく、各変数について微分して0とおくだけなのです。

ある点が最大点であることを示すには、一階の条件だけでなく、凹性の条件が必要となることもこれまでと同じです。違うことといえば、条件の見た目があまりに複雑になるため、線形代数における行列式を使わざるを得なくなることですが、条件の背後にある理屈は一変数のときとまったく変わりません。

制約付きの最大化

しかしながら、経済学の問題として効用関数を最大化するときには、経済学的な「リアリティ」に気を使う必要が出てきます。たとえば、予算上限の問題です。

ボックス6-3　多変数関数の極大化

一般の多変数関数 $y=f(x_1, \cdots, x_n)$ が，点 $(x_1^*, \cdots, x_n^*)$ において極大値をとるならば，

$$\frac{\partial f}{\partial x_1}(x_1^*, \cdots, x_n^*)=0, \quad \cdots, \quad \frac{\partial f}{\partial x_n}(x_1^*, \cdots, x_n^*)=0$$

が成り立つ．これが多変数関数版の極大化の**一階の条件**である(下図)．

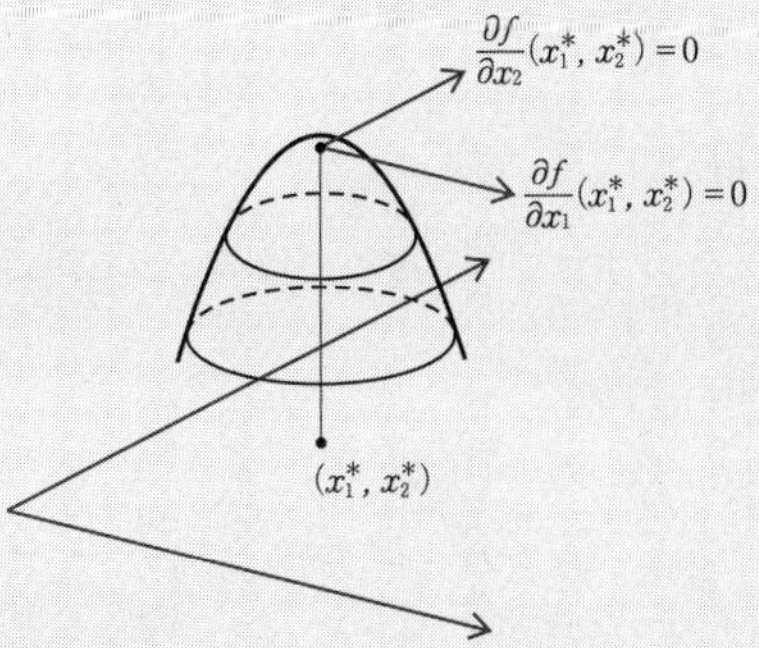

図のように山型のグラフをもつ関数 $f(x_1, \cdots, x_n)$ は「凹である」と言われ，その条件はすべての点と $1 \leq k \leq n$ について

$$(-1)^k \cdot \begin{vmatrix} \frac{\partial^2 f}{\partial x_1^2} & \cdots & \frac{\partial^2 f}{\partial x_1 \partial x_k} \\ \vdots & \ddots & \vdots \\ \frac{\partial^2 f}{\partial x_k \partial x_1} & \cdots & \frac{\partial^2 f}{\partial x_k^2} \end{vmatrix} \geqq 0$$

が成り立つことである．ここで $|\cdots|$ は，行列式である．

あなたが市場に買い物に出てきたときに、その買い物で使ってよい予算の上限を**所得**と呼びます。借金などはできないとすれば、買い物に使える金額は所得以下に制限されます。これを**予算制約**といいます。

効用の最大化問題では、5章で学んだ純便益の最大化問題とは異なり、予算制約の存在を想定します。純便益の最大化のときには、予算のことはあまり気にせず純便益という山の頂を探していたのですが、より現実的な設定では、予算制約の内側でしか消費できないとするのです。予算金額を遥か遠く超えたところに効用が莫大な値を取る消費パターン(湾岸の高層マンションの最上階で夜景を眺めながら、シャンパンとマカロンを好きなだけいただくとか)があったとしても、予算が足りないならその点を選ぶことはできません。厳しい。

このように、「あくまでも予算の許す範囲内で最大の満足を探す」というタイプの問題を、**制約付き最適化問題**といいます。サミュエルソンの『経済分析の基礎』以降、経済学に現れるほとんどすべての問題は、制約付き最適化問題であると言っても過言ではありません。

歴史上に記録のある最も古い制約付き最適化問題といえば、「女王ディドの問題」でしょうか。紀元前800年ごろのチュニジアの海岸に、某国のお姫様が流れ着きます。お姫様はその土地の有力者に、自分と家臣たちが住む土地の貸与を乞いました。土地の有力者は「牛の皮1

枚で覆える土地なら差し上げよう」と意地の悪い返事をします。しかし、お姫様は、家臣と協力して牛の皮１枚からとてつもなく細く長い紐を作り、大きな丘を丸ごと囲って自分たちの領地にしたそうです。そのお姫様こそが、カルタゴの始祖である女王ディドであったとか。

ラグランジュの未定乗数決定法

予算制約に苦しみながら、それでも効用関数を最大にしようと足掻くとき、人は**ラグランジュの未定乗数決定法**を用います。この恐ろしく荘厳な名前をもつ計算手法は、世界中の経済学科生を遍く苦しめる地獄の使者のような扱われ方をしています。しかし、経済学の問題の大半が制約付き最適化問題であり、そしてラグランジュの未定乗数決定法がその特効薬なのだとしたら、どうでしょう。この方法さえ使えるようになれば、経済学の問題の大半が解けるようになるということです。恐れず克服すべしです。なに、慣れればただの便利な道具ですよ。

ラグランジュの未定乗数決定法の直観的な意味を説明しておきます。この方法の見どころは、今までどこにも出てこなかった新しい変数λ（ラムダ）を突然持ち出して、これを使って効用関数と予算制約を１つにつないでしまうことです。

たとえば、私たちが買い物に行くとき、欲しいものをたくさん買って物欲を満たすだけでなく、財布の中にもできるだけ多くお金を残したいですよね。財布の中に残るお金とは、所得から使った額を引いたものです。ということは、残金を気にしつつ効用を最大にすることは、

効用関数 ＋《プラス》 λ ×《かける》 (所得 −《マイナス》 支出額)

を最大にすることと同じです。ここでλ(ラムダ)が必要になるのは、所得や支出が「お金」の単位であるのに対して、効用関数は「タナカ」とかいう意味のわからない単位であるからです。したがって単位をそろえるために係数λを掛けています。このλが、「未定乗数」と呼ばれるもので、これはいわば効用関数と予算制約をつなぐ「糊」の働きをしています。

効用関数に予算制約を糊付けしたものを**ラグランジュ関数**といいます。あとは、これを偏微分して0とすれば最適解の候補が見つかるわけで、この条件を**ラグランジュの一階の条件**と呼んでいます。数学的な詳細はボックス6-4に示しました。

この条件を見出したのは、18世紀のイタリアに生まれたフランス人、物理学者にして数学者のジョゼフ＝ルイ・ラグランジュです。この人もじつに魅力的な人物なのですが、本書も残りが少なくなってきたので詳細は泣く泣く諦めましょう。これもある種の制約付き問題です。

ボックス 6-4　ラグランジュの未定乗数決定法

各財の価格を $p_1, \cdots, p_n$ とし，所得を I とするならば，買い物に要する支出額 $p_1x_1+\cdots+p_nx_n$ は所得 I 以下でなければならない．この予算制約のもとで効用関数 $u=U(x_1, \cdots, x_n)$ を最大化する問題を，

$$\max U(x_1, \cdots, x_n) \quad \text{subject to} \quad I-(p_1x_1+\cdots+p_nx_n)\geq 0$$

と表記する．ここで “subject to” は，「to 以下の条件に従って」という意味の英語らしいが，筆者は数学でしかこの表現を見たことがない．

この問題を解くには以下の手順を踏む．

(1) 新たな変数 λ を追加して，次の**ラグランジュ関数** L を作る．

$$L(x_1, \cdots, x_n, \lambda)=U(x_1, \cdots, x_n)+\lambda[I-(p_1x_1+\cdots+p_nx_n)]$$

(2) この L を，すべての変数について偏微分して $=0$ とする．すなわち，

$$\frac{\partial L}{\partial x_1}=\frac{\partial U}{\partial x_1}-\lambda p_1=0, \quad \cdots, \quad \frac{\partial L}{\partial x_n}=\frac{\partial U}{\partial x_n}-\lambda p_n=0,$$

$$\frac{\partial L}{\partial \lambda}=I-p_1x_1-\cdots-p_nx_n=0$$

これを**ラグランジュの一階の条件**という．

(3) (2)で求めた $n+1$ 本の式を連立させて解く．得られた $x_1^*, \cdots, x_n^*$ が，制約付き最大化問題の解の候補である．

効用関数の準凹性

ラグランジュの未定乗数決定法を使う上で注意しなければならないことがあります。それはラグランジュの一階の条件は、あくまでも必要条件を与えるに過ぎないということです。すなわち、「制約付き最大化問題の解であるならラグランジュの一階条件を満たすけれども、一階の条件を満たすものが解であるとは限らない」のです。

したがって、解が確かに最大点であることを示すには、効用関数にもある種の凹性を仮定しなければなりません。しかし、効用関数はとても多くの変数を含むものですから、その凹性は図に描いて確認できるほど、やわではありません。ボックス6-5に効用関数がある種の凹関数（**準凹関数**《じゅんおう》）になるための条件を与えていますが、もはや入門の域を超えています。難解な現代アートを鑑賞するときの心持ちで眺めてみてください。効用関数がこの条件を満たすとき、ラグランジュの未定乗数決定法によって、効用を最大にする点を見出すことができます。

準凹性が意味するところをこの数式から読み取ることは難しいですが、ざっくりいうと「極端に偏った消費の仕方より、バランスの良い組み合わせのほうが好き」というのが準凹性の性質です。毎日カレーライスよりは、カレーライスとラーメンを一日交代させたほうが好きであるとか、そのカレーにしてもライスばっかりでルーが少ないやつよりは、両者半々のほうが好

ボックス 6-5　効用関数の準凹性

任意の $1 \leq k \leq n$ について，以下の不等式を満たす効用関数 $u=U(x_1, \cdots, x_n)$ は「**準凹である**」といわれる．準凹性は，1 変数関数の凹性を多変数に一般化したもののひとつである．

$$(-1)^k \cdot \begin{vmatrix} 0 & \dfrac{\partial U}{\partial x_1} & \cdots & \dfrac{\partial U}{\partial x_k} \\ \dfrac{\partial U}{\partial x_1} & \dfrac{\partial^2 U}{\partial x_1^2} & \cdots & \dfrac{\partial^2 U}{\partial x_1 \partial x_k} \\ \vdots & \vdots & \ddots & \vdots \\ \dfrac{\partial U}{\partial x_k} & \dfrac{\partial^2 U}{\partial x_k \partial x_1} & \cdots & \dfrac{\partial^2 U}{\partial x_k^2} \end{vmatrix} \geq 0$$

ここで，$|\cdots|$ の中に数や式が並んだものは**行列式**である．

効用関数が準凹であるとき，ラグランジュの一階の条件の解は最大点を与える．コブ＝ダグラス型や，$0<\rho<1$ のときの代替弾力性一定型は上の条件をすべて満たす準凹関数である．

みであるとか、そういうバランスのとれた消費を好むのが準凹な効用関数の持ち主です。

凹性に比べて準凹性はわかりにくい性質ですので、もう少しだけ詳しく説明しましょう。図6-1をご覧ください。これは、財の数が2種類の場合の、準凹性をもつ効用関数の等高線を表示したものです。図の点AとBは、同じ等高線(経済学では**無差別曲線**といいます)に乗っていますね。ということは、点A(コーヒーばっかり)と点B(ケーキばっかり)という両極端な食べかたは、この消費者にとって同じくらい好き(あるいは同じくらいに好きじゃない)ということになります。

この点AとBを結んで中点をとったのが点Cです。この点は、AとBよりも高い効用をもたらします。つまり、この消費者は、バランスの良い点CのほうがAやBより好きなのです。

以上をまとめますと、ある消費者の効用関数が準凹であることは、その等高線が図6-1のようであることと同じです。そしてこれは、この消費者がバランス重視派であることを意味します。消費者がバランス重視派であるときには、ラグランジュの方法により、効用を予算の範囲内で最大化する点が見つかるのです。

逆に、消費者が極端な生き様が大好きなロックンローラーであったなら、ラグランジュの未定乗数法は使えません。しかしながら幸いにして、社会にはロックンローラーは少数派です。

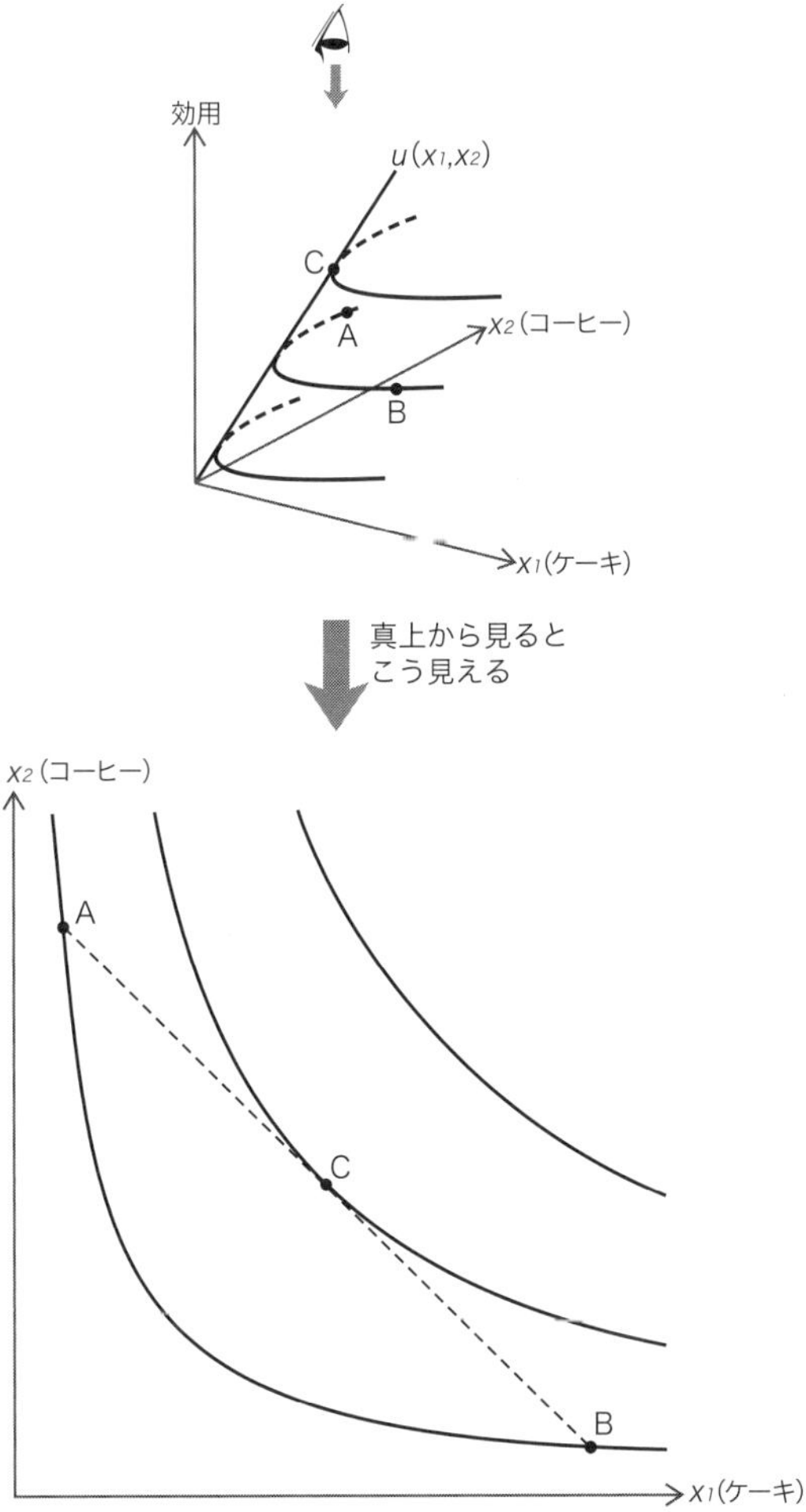

**図 6-1　準凹の効用関数の等高線(無差別曲線)の様子.
どちらかの財に偏った点 A あるいは B による消費よりも,
バランスの良い点 C における消費のほうが効用が高い**

3　一般均衡

マーシャル型需要関数

具体的な効用関数を予算制約下で最大化した計算例がボックス6-6です。予算制約には価格と所得が含まれていますから、解は価格と所得の式になります。すなわち、これらの解は「価格と所得が与えられたとき、予算制約のもとで効用を最大にする消費パターン」でありますから、これは需要関数に他なりません。これを**マーシャル型需要関数**といいますが、たいていは単に「需要関数」と呼びます。

典型的な需要関数には、その財自身の価格が高まれば需要が減り、所得が増えれば需要が増えるという性質があります。価格が上がれば需要が減るというのはこれまでどおりですが、マーシャル型需要関数では、所得の影響を考えることもできるようになっています。

特殊な形の効用関数を想定すれば(つまり、特殊な嗜好の持ち主を想定すれば)、価格が高まれば需要も高まり、所得が増加すると需要が減るような需要関数を引き出すことは数学的には可能です。そういうへそ曲がりな需要関数をもつ財は**ギッフェン財**と呼ばれます。

ボックス 6-6　マーシャル型需要関数の導出

2 種類の財が存在する市場において，コブ＝ダグラス型効用関数 $U(x_1, x_2) = x_1^{\alpha_1} \cdot x_2^{\alpha_2}$ を最大化する問題

$$\max x_1^{\alpha_1} \cdot x_2^{\alpha_2} \quad \text{subject to} \quad I - (p_1 x_1 + p_2 x_2) \geq 0$$

を考える．ラグランジュ関数は

$$L = x_1^{\alpha_1} \cdot x_2^{\alpha_2} + \lambda [I - (p_1 x_1 + p_2 x_2)]$$

であり，ラグランジュの一階の条件は

$$\frac{\partial L}{\partial x_1} = (\alpha_1 x_1^{\alpha_1 - 1}) \cdot x_2^{\alpha_2} - \lambda p_1 = 0,$$

$$\frac{\partial L}{\partial x_2} = x_1^{\alpha_1} \cdot (\alpha_2 x_2^{\alpha_2 - 1}) - \lambda p_2 = 0$$

$$\frac{\partial L}{\partial \lambda} = I - p_1 x_1 - p_2 x_2 = 0$$

となる．この 3 式を連立させれば

$$x_1^* = \frac{\alpha_1}{\alpha_1 + \alpha_2} \cdot \frac{I}{p_1}, \qquad x_2^* = \frac{\alpha_2}{\alpha_1 + \alpha_2} \cdot \frac{I}{p_2}$$

を得る．これがマーシャル型需要関数の一例である．

この需要関数については，価格の上昇はその財に対する需要を減少させ，所得の上昇は需要を増加させることがわかる．

一般均衡の計算

市場に n 種類の財があるのなら、それぞれの財の背後には、その財を生産する企業が存在しています。企業は自分たちの利潤を最大にするように供給量を決定し、その需要と供給がすべての市場で均衡するところで経済は安定化します。経済に存在するすべての市場が同時に均衡することを**一般均衡**といいます。ボックス6-7には、もっとも簡単な一般均衡モデルの計算例を示しておきました。

このように具体的に計算できる数値例であれば問題は少ないのですが、連立方程式があまりに複雑で解くことができない場合や、効用関数・費用関数を具体的に特定したくない場合もあります。グラフを描いて図解しようにも、財が2種類以上あるときにはグラフは4次元以上となって、描くことも想像することも困難になってしまいます。

そのようなときには、そもそも均衡が存在するのかどうか、存在するとしても1つに定まるのかどうか、複数の均衡が存在した場合には最終的に経済が落ち着く先はどこなのか、という問題が連鎖的に生じます。このような一般均衡の**存在・一意性・選択**の問題は、一時期の数理経済学において中心的な話題となっていたものです。

ボックス 6-7　簡単な一般均衡の計算例

2 種類の財が存在する市場において，コブ＝ダグラス型効用関数 $U(x_1, x_2) = x_1^{\alpha_1} \cdot x_2^{\alpha_2}$ をもつ 1 人の消費者，費用関数 $C_1 = c_1 y_1^2$ によって財 1 を生産する企業 1，費用関数 $C_2 = c_2 y_2^2$ によって財 2 を生産する企業 2 からなる経済を考える．

消費者による財への需要はボックス 6-6 により

$$x_1^* = \frac{\alpha_1}{\alpha_1 + \alpha_2} \cdot \frac{I}{p_1}, \qquad x_2^* = \frac{\alpha_2}{\alpha_1 + \alpha_2} \cdot \frac{I}{p_2}$$

また両企業による財の供給は，一階の条件 $p_1 = 2c_1 y_1$，$p_2 = 2c_2 y_2$ より

$$y_1^* = \frac{p_1}{2c_1}, \qquad y_2^* = \frac{p_2}{2c_2}$$

となる．したがって，一般均衡 $x_1^* = y_1^*$，$x_2^* = y_2^*$ を成立させる均衡価格は

$$p_1^* = \sqrt{\frac{2c_1\alpha_1}{\alpha_1 + \alpha_2} \cdot I}, \qquad p_2^* = \sqrt{\frac{2c_2\alpha_2}{\alpha_1 + \alpha_2} \cdot I}$$

によって与えられる．

フランスの経済学者兼数学者、ジェラルド・ドヴリュー（１９２１－２００４）は、現代数学のひとつである**位相集合論**を全面的に援用することにより、市場に一般均衡が存在するための数学的な条件を明らかにしました。位相集合論とは、図形や関数などの「連続性」を調べるための数学です。ドヴリューはその功績により、１９８３年のノーベル経済学賞を受賞しています。ドヴリューによる著書『価値の理論』（*Theory of value*）からの１ページを図６-２にお見せします。まるで数学の本ですね。

ドヴリュー理論の思想をひと言で説明すると、均衡の存在には「連続性」が大切だということになります。価格がゆっくり変わっていくときに、需要や供給もゆっくり変わって、あるところでいきなりジャンプしたりしない性質を「連続性」といいます。グラフを描いたときに、そのグラフが千切れないことも連続性の現れです。ある経済の構成要素がすべて連続であるならば、需要曲線と供給曲線も（目には見えない超高次元の世界において）連続になるでしょう。だとすれば、２つの曲線はどこかで交点（数学的には**不動点**）をもつはずです。このようにして、一般均衡の存在を、構成要素の連続性から導き出すのがドヴリューの理論の骨子です。

というわけで、本章では、多変数関数の制約付き最適化問題を考え、その応用として経済の

z. According to the general convention of 1.4.j, an *ordering* is defined on R^m by $x \leqq y$ if $x_i \leqq y_i$ for every $i = 1, \cdots, m$. As remarked in 1.4.j, $x < y$ means "$x_i \leqq y_i$ for all i and $x_i < y_i$ for at least one i," and $x \ll y$ means "$x_i < y_i$ for all i." (Several authors have used the notation $\leqq, \leq, <$ respectively for $\leqq, <, \ll$.)
The *non-negative orthant* of R^m is the set $\Omega = \{x \in R^m \mid x \geqq 0\}$. The letter Ω has throughout this volume the meaning introduced here.

1.10. Fixed Points

a. Consider a set S and a function f from S to S, i.e., a transformation of S into itself. Great interest is attached to the existence of an element x' such that $x' = f(x')$, i.e., which coincides with its image, or which does not move in the transformation. Such an element' is called a *fixed point* of the transformation f (see fig. 9.a).

b. One can prove the fundamental theorem:

(1) (Brouwer) *If S is a non-empty, compact, convex subset of R^m, and if f is a continuous function from S to S, then f has a fixed point.*

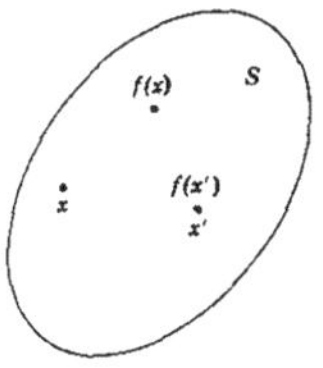

Fig. 9.a

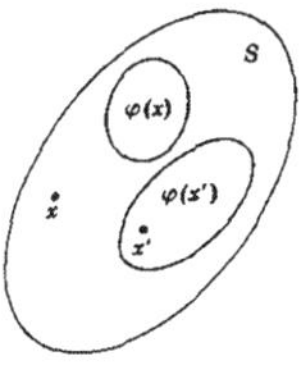

Fig. 9.b

c. The generalization of this result to correspondences from a set to itself will play an essential role later on. Consider now a set S and a correspondence φ from S to S. A *fixed point* of the correspondence φ is an element x' such that $x' \in \varphi(x')$, i.e., which belongs to its image-set (see fig. 9.b).

d. One can prove:

(2) (Kakutani) *If S is a non-empty, compact, convex subset of R^m, and if φ is an upper semicontinuous correspondence from S to S such that for all $x \in S$ the set $\varphi(x)$ is convex (non-empty), then φ has a fixed point.*

26

図6-2　ドヴリュー『価値の理論』の中から

一般均衡を分析してみました。以上が、ミクロ経済学の**価格理論**と呼ばれる部分の大まかな全体像であり、ここから先のミクロ経済学は、むしろゲーム理論の応用分野へと進展します。

そこで、ミクロ経済学における数学の使い方についてはこれくらいにして、次の章からは、マクロ経済学について解説します。マクロ経済学でも限界概念や制約付き最適化問題が頻繁に現れますが、それらに加えて「差分方程式」や「動学的最適化問題」などが必要になります。

まずは、差分方程式を用いた経済成長のモデルについてお話しすることにいたしましょう。

第7章
マクロ経済学と差分方程式
富める国，貧しい国

現代的なマクロ経済学の出発点である「ソロー・モデル」を紹介します．このモデルは「差分方程式」という数学を用いて記述されます．貧しい国々が経済成長を達成するために必要な条件は，果たして何なのでしょうか？

1　ソローの成長モデル

タンザニアの悲劇

筆者はドキュメンタリー映画が好きなのですが、そのなかでも2004年に公開された『ダーウィンの悪夢』という作品がとくに好きです。これは、タンザニアのビクトリア湖沿岸地域に暮らす人々に取材した作品です。

この地域では、日本でも白身魚のフライの原料として人気のある「ナイルパーチ」という魚に極端に依存した単一経済（モノカルチャー）が発達しています。魚の加工工場以外にまともな仕事がない大変貧しい地域に、エイズや内戦などの苦難が充満しています。哀しい眼差しの仲良し娼婦のグループや、その客である陽気なロシア人パイロット集団、手製の弓矢で武装強盗の襲撃から工場を守る元傭兵とその息子など、一度見たら一生忘れられなくなる人々がたくさん登場する作品です。

タンザニアは、1日1ドル以下で生活する人の多い最貧国のひとつです。魚を加工してロシアやEU諸国に輸出する産業があるにもかかわらず、彼らの暮らし向きはなかなか楽になりません。貧しい国はなぜ貧しいのか、どうすれば豊かになるのか。そのような問題を考えるのが、現代マクロ経済学の出発点である**経済成長理論**です。

生産の3要素

この理論の基礎となっているのは、ロバート・ソローによって提案された(新古典派的)経済成長モデル、あるいは**ソロー・モデル**と呼ばれるものです。ソローはＭＩＴ経済学部の教授であり、同僚のサミュエルソンと協力して経済学研究の主流を築いた人物です。

まずは用語の確認から。ある国に住む人々が、１年間に作り出した付加価値の合計を国内総生産(ＧＤＰ)といいます。ソロー・モデルでは、ＧＤＰは次の３つの要素によって決定されます。第一に、**技術水準**。技術水準の高い国では、少ない投入量でも多くの付加価値を作り出すことができます。第二に、その国全体の**労働投入量**。たとえば、日本であれば６５００万人の労働力人口が１年間に働く量がそれにあたります。

ソロー・モデルにおいてもっとも重要なのが、第三の要素である**資本**です。「資本」と聞くとお金のことかと思う読者もいるかもしれませんが、ここで考えているのは実物資本です。先ほど紹介したタンザニアのドキュメンタリー映画を観ていると、映画の初めから終わりまで、舗装道路が出てくるシーンが1回しかないことに気がつきます。そのシーン以外は全編これ土埃まみれの茶色い風景が延々と映り続けます。そもそも、この映画は、たった一人しかいない空港の管制官がハチを叩きつぶしながらうわの空で飛行機を誘導しているシーンから始まるのです。やがて空港全体が大写しになり、そこかしこに着陸に失敗した、たくさんの飛行機の残骸が放置されているのがわかります。

このような国では、いくら労働投入量を増やそうと、なかなか生産の増加に結びつきません。道路を整備し、空港を安全にし、電気や水道の供給を安定化させて初めて労働が生産に結びつきます。さらにぜいたくを言えば、病院や学校なども作りたいところです。そうすれば、労働力の質の向上と安定的な供給も可能となるでしょう。

経済学では、道路や空港、学校や病院などをまとめたものを「資本」といいます。そして、ソローの理論では、とくに資本の蓄積を通じて経済が成長すると考えるのです。

成長のサイクル

ある最貧国に、必要最低限の技術、労働、そして資本が与えられているとして、どのようにして経済成長が始まるのかを考えてみます。

まずは、その最低限の要素によって、生産活動が行われます。そうやって生産したわずかな財を市場に供給すれば、労働者の収入が得られます。労働者は、そのわずか一部を消費して、残りを貯蓄に回します。

その貯蓄は投資に回されて、技術開発に用いられたり、道路を舗装したり病院を建てたりすることに用いられます。こうして、この国の技術水準と資本の量が少しだけ増加します。ソロー・モデルの設定では、人口は勝手に一定率で増えます。本当にそうなら日本が少子化で悩むことなどないのですが、少なくとも発展途上国では、人口の成長率は比較的高い水準で一定です。

こうして1年間の経済活動を経て、生産の3要素がわずかとはいえ増加しました。したがって、次の年の生産量もわずかに増えるでしょう。労働者の収入もわずかに増えて、貯蓄する額も増加します。それによって投資も増えて、技術進歩と資本蓄積がますます促進されます。このようにして経済成長の好循環が始まります。多少は時間がかかるかもしれませんが、十数年もすれば見違えるほど豊かな国になるでしょう。

逆に言えば、このサイクルが阻害されるときに経済成長が停滞します。たとえば、内戦などでつねに国土が破壊されてしまう状況下では、いくら道路を舗装しても焼け石に水です。あるいは貯蓄率が低くて、労働者が自分の所得を全部使い切ってしまう場合です。このときは、資本の蓄積に回す財が経済に残りません。道路を舗装するためのコールタールも、学校を建てるための木材も、何もかもが貧しい人々の消費に回って消えてしまい、社会には何も残されません。したがって資本が蓄積されず、成長のサイクルがうまく回りません。

先ほどのドキュメンタリー・フィルムにも、なけなしの賃金のすべてを使ってお洒落な服と靴を買ってしまう若い漁師が出てきます。いずれはエイズで死ぬ身であるのに貯金が何の役に立つ、というのが彼の言い分です。貧しさゆえに資本が蓄積されず、資本がないゆえに貧困に囚われる、いわゆる「貧困の罠」が発動しているわけです。

成長モデルの定式化

ソロー・モデルを数学的に定式化すると、ボックス7-1のようになります。ただし、簡単のため、技術水準は一定としています。このようなモデルを**差分方程式**といいます。高校数学で「漸化式《ぜんかしき》」と呼ばれていたのとまったく同じものです。とくに、マクロ経済のような大きな経済システムでは、資本への投資やGDPの集計には3か月や1年ほどの時間がかかります。このように比較的長い時間を必要とするサイクルの記述には、差分方程式が適しています。

ボックス 7-1　ソローの経済成長モデル

ある国が西暦 t 年に生産する GDP を大文字の Y_t で表すことにする．また，この国の技術水準を A，労働投入量（＝人口）を L_t，資本水準を K_t とし，定数 $0<\alpha<1$ を用いて

$$Y_t = AL_t^{1-\alpha}K_t^{\alpha}$$

が成り立つことを仮定する．これを**コブ＝ダグラス型マクロ生産関数**という．

各個人は，自分の所得のうち一定の割合 $0<s<1$ を貯蓄に回す．この全額が資本の蓄積に用いられるとしよう．また，資本は毎年 $0<\delta<1$ の割合で減耗するとすれば，次年度の資本水準は

$$K_{t+1} = K_t - \delta \cdot K_t + sAL_t^{1-\alpha}K_t^{\alpha}$$

となる．この両辺を人口 L_t で割れば，1 人当たりの資本水準は

$$\frac{K_{t+1}}{L_t} = (1-\delta)\cdot\frac{K_t}{L_t} + sA\cdot\left(\frac{K_t}{L_t}\right)^{\alpha}$$

によって計算される．さらに人口は $L_{t+1} = (1+n)\cdot L_t$ に従って成長するとして，1 人当たりの資本量 K_t/L_t を小文字の k_t で表せば，

$$k_{t+1} = \frac{1-\delta}{1+n}\cdot k_t + \frac{sA}{1+n}\cdot(k_t)^{\alpha}$$

を得る．この差分方程式が，**ソローの経済成長モデル**である．

2　経済成長の安定性

経済成長の帰結

経済成長のサイクルがうまく回りはじめれば、やがてその国は最貧国を脱出して、先進国へと近づいていきます。時間の経過とともに1人当たり資本の量が蓄積され、1人当たりの所得も増加します。やがて資本蓄積が頭打ちになり、国民も十分に豊かになると、成長のスピードは少しずつ減速して、最終的には停止します。経済成長が停止している状態を**定常状態**といいます。

ソロー・モデルを前提とすれば、ある経済における定常状態の水準を予測することは難しくありません。ボックス7-2に、その計算例を示してあります。この計算結果によれば、定常状態における国民1人当たりGDPは、技術水準、貯蓄率、人口成長率および資本の減耗率に依存します。とくに技術水準が高いほど、貯蓄率が高いほど、そして人口成長率が低いほど、豊かな定常状態が実現します。逆に言えば、貧しいままで成長が停滞している最貧国は、技術水準が低く、貯蓄率も低く、ただ人口ばかりが増えていく状態にあると考えられます。

ボックス 7-2　経済成長の定常状態

ソロー・モデルにおいて，1 人当たりの資本量 k_t が変化する様子を図示すると下のようになる．

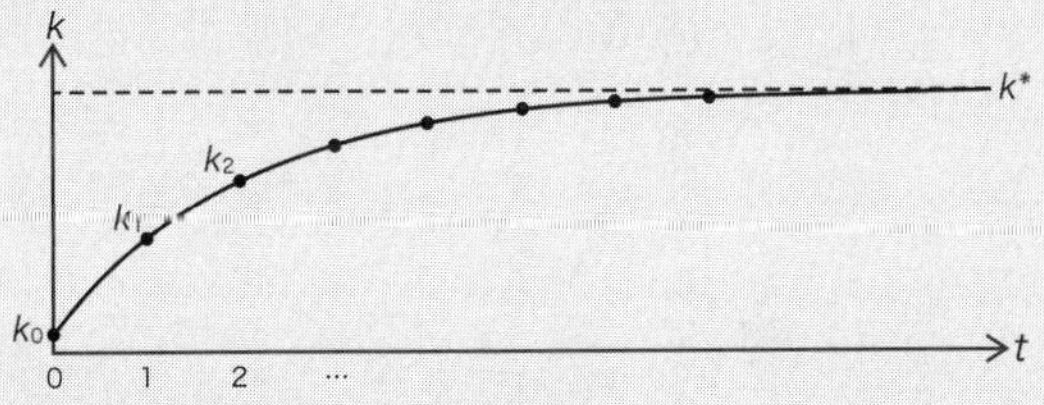

適当な初期値 k_0 から資本蓄積が始まり，十分に長い時間が経過すると，資本水準は k^* のまま変化しなくなる．したがって，ソロー・モデルの式により，定常状態では

$$k^* = \frac{1-\delta}{1+n} \cdot k^* + \frac{sA}{1+n} \cdot (k^*)^{\alpha}$$

が成立する．これを解けば，

$$k^* = \left(\frac{sA}{n+\delta}\right)^{1/1-\alpha}$$

が得られる．

マクロ生産関数 $Y = AL^{1-\alpha}K^{\alpha}$ により，1 人当たり GDP は $y = Y/L = Ak^{\alpha}$ によって計算されるから，その定常状態における値は，

$$y^* = A^{1/1-\alpha} \cdot \left(\frac{s}{n+\delta}\right)^{\alpha/1-\alpha}$$

によって決定される．

なぜ定常状態に向かうのか

時間の経過とともに、経済が定常状態に収斂《しゅうれん》していく経済学的な理由を考えてみましょう。最貧国において、港や空港へつながる鉄道や高速道路をたった1本でも通すことができれば、その経済効果は非常に大きなものでしょう。遠く離れた地域からも農作物を空港へ運べるようになりますし、ある地域で職を見つけられなかった人が、もっと景気の良い地域へと移動できるようになります。

それに対して現在の日本では、新たに鉄道や高速道路を造るにしても、経済効果の高そうな路線はとっくに建設済みですから、できることといえば、どこかの田舎に利用者のほとんどいない道路を通すくらいでしょう。これでは日本の経済全体に与える効果はたかが知れています。

つまり、一国の経済が発展すればするほど、効果の高い投資先はどんどん減っていくのです。貯蓄の向かう投資先として有望な物件は年々少なくなり、資本蓄積の速度も低下して、いつかは停止します。こうして、たとえば次の技術革新があるまでは、経済成長は停滞します。

日本をはじめとする多くの先進国では、インドネシアやベトナムなどの絶賛経済発展中の国々に比べて成長率が低いものですが、これは先進国の経済がすでに定常状態に到達していることを表しているのでしょう。

定常状態の安定性

以上は、一国の経済が定常状態に向かう理由の経済学的な説明でした。これを、言葉によらず数式によって確認するにはどうすればよいでしょうか。

一般の差分方程式においては、定常状態にあたるものを**定常解**といいます。どのような初期値から出発しても差分方程式に従う変数が定常解に収斂するとき、この定常解は**大域的**《たいいき》**に安定**であるといいます。それに対して、定常解の十分近くにある初期値からスタートしたときのみ変数が定常解に吸い込まれるならば、定常解は**局所的に安定**であるといいます。

ソロー・モデルの言葉でいうなら、どんなにひどい経済状態の最貧国であっても、時間が経てば定常状態に到達するときには、その定常状態は大域的に安定ですし、ある程度発展した経済だけが定常状態に至るのならば、その定常状態は局所的にのみ安定です。このあたりは、最大点と極大点の違いにも少し似ていますね。

ある差分方程式、あるいはソロー・モデルの定常状態が大域的に安定であることを示すには、その式に応じた技術的な工夫が必要になります。それに対して局所的な安定性を示すだけなら、微分計算を１回行うだけで判定が可能です。この手法は、しばしば定常状態周りでの**一次近似法**と呼ばれます。

ボックス7-3に、ソロー・モデルの局所的安定性について、一次近似法による分析の結果を示しました。数学的詳細はともかくとして、この安定性の判定法が意味するところは、直観的には明らかです。要するに、今期の資本を限界量だけ増やしたとき、来期の資本がそれ以上に増えるか、それ未満にしか増えないかで安定性を判定しているのです。

もし、今期の資本を1だけ増やしたときに、来期の資本が1未満しか増えないのなら、経済成長はすでに減速しつつあるということです。したがって、経済はもうすぐ定常状態に到達します。それに対して、今期の資本を1増やしたときに、来期の資本が1より大きく増えるのであれば、経済成長は依然として加速中であって、まだまだ定常状態にはなりません。

みなさんの身長でいうなら、今年は5センチ伸びて来年は1センチ伸びるなら、そろそろ成長期も終わりだということになります。ざっくりいえば、ただそれだけの話です。

ソローは、1956年に発表した論文 *A contribution to the theory of economic growth* において、それまでに知られていたハロッド=ドーマー型成長モデルを特殊例として取り込む、一般的な経済成長モデルを提案し、その定常状態の存在と局所的・大域的な安定性を示しました。つまり、どんな最貧国であっても、一定の条件を満たせば先進国に追いつけるのです。その功績を称え、1987年のノーベル経済学賞はソローに与えられています。

ボックス 7-3　定常状態の局所的安定性

ソロー・モデルの右辺を $g(k_t)$ と書くことにすれば，ソロー・モデルは $k_{t+1}=g(k_t)$，その定常状態 k^* は，$k^*=g(k^*)$ の解になる．

もし，k_t が k^* に十分に近いならば，微分の定義により，

$$k_{t+1}-k^*=\frac{g(k_t)-g(k^*)}{k_t-k^*}\cdot(k_t-k^*)\simeq g'(k^*)\cdot(k_t-k^*)$$

なる近似が成立する（記号 $\simeq$ は「近似的に等しい」の意味）．

代入を繰り返すことにより，

$$k_T-k^*\simeq g'(k^*)\cdot(k_{T-1}-k^*)\simeq\cdots\simeq[g'(k^*)]^{T-t}\cdot(k_t-k^*)$$

となるから，$|g'(k^*)|<1$ であるなら，$T\to\infty$ のとき $k_T\to k^*$ となる．実際に，

$$0<g'(k^*)=\frac{1-\delta}{1+n}+\frac{sA}{1+n}\cdot\alpha\cdot(k^*)^{\alpha-1}<\frac{1+\alpha n}{1+n}<1$$

が示されるから，ソロー・モデルの定常状態は局所的に安定である．

3　最適成長理論

貯蓄率はどう決まるのか

ソローの経済成長理論は、その後の経済学の発展に大きな影響を与えました。その影響はマクロ経済学のさまざまな方向と範囲に及ぶものですが、その直接的な後継は**最適成長理論**と呼ばれる研究分野です。最適成長理論とは、ソローの理論では一定とされていた貯蓄率を、人々が自分自身で決定できるようにモデルを拡張したものです。

ソロー・モデルでは、人は所得のうちの一定の割合をつねに貯蓄に回す、と設定されていました。そして、その貯蓄が投資に向かい、資本の蓄積に一役買って、そうして成長のサイクルが回りはじめるのでした。

しかし、この設定はどれくらい現実的でしょうか？　今日食べるものにも困る最貧国の人々には、やっとの思いで得たほんのわずかの所得の一部を貯蓄に回す余裕はあるでしょうか？逆にお金持ちになればなるほど、所得に占める貯蓄の割合は増えるものではないでしょうか？もし筆者の年収が10億円だったら、そのうち1億くらいを景気よく使って、残りの9億を貯蓄に回すような気がします。まあ、本当にそうするかどうかは、実際に10億円を稼いでみなくてはわからないですが。

というわけで、所得のうちのどれだけを消費して、どれだけを貯蓄に回すかは、所得水準に応じて変化するように思えます。この問題に対応するため、最適成長理論はソロー・モデルを拡張して、貯蓄率がモデルの内部で決定されるように設定し直したのです。

この新しい理論では、一国の経済活動を、たった一人の**代表的個人**に集約してしまいます。この代表的個人は、自分の効用を最大にするために一国の消費と貯蓄をコントロールします。もちろん、現実のマクロ経済は一人の個人ではありません。しかし、いくつかの条件下では、ある国に住むたくさんの消費者や企業をまとめて１つの共同体＝代表的個人として集約できると考えるのが、マクロ経済学の発想なのです。

最適成長理論に用いられるのは、**最適制御理論**という応用数学の一分野です。この分野の基礎にあるのは、**ポントリャーギンの最大値原理**と呼ばれる大定理です。ポントリャーギン（１９０８―１９８８）はロシア（当時はソ連）の天才数学者で、一人の人間の仕事とは思えないくらい広範囲の分野で巨大な業績を残しています。彼の最大値原理は、最短時間でロケットを目標地点まで運ぶための数学理論として開発されたものでした。それが現在は経済学に応用されていると知ったら、ご本人もさぞや驚くことでしょうね。

ボックス7-4には、最適制御理論に基づく最適成長モデルの計算例が示されています。ロケット工学の手法を用いて最貧国の経済を分析するなんて、学問の面白さというものを感じずにおれません。

オイラー方程式

ポントリャーギンの最大値原理を用いて導き出された条件を整理してみると、最適な消費と資本の成長経路が従う2つの差分方程式が得られます。

そのうち一つは資本の成長経路を記述するものであり、本質的にはソロー・モデルと同じ内容の式です。

もう一つの方程式は、「予想された来期の資本と消費に基づいて今期の消費を決定する」という、時間を逆転させた不思議な差分方程式であり、**オイラー方程式**と呼ばれています。これは人類最強の大数学者レオンハルト・オイラー(1707―1783)が天文学の問題を解いている過程で見出したものと数学的に同値であるため、この名前で呼ばれています。

ボックス 7-4　ポントリャーギンの最大値原理

一国の経済を代表的な個人に集計して考える．この個人は各 t 時点に C_t 単位の消費活動を行い，そこから $u(C_t)$ の効用を得る．この個人が生涯をかけて得る効用の総和は，$\sum_{t=1}^{\infty}\beta^t \cdot u(C_t)$ によって計算される $(0<\beta<1)$．

この個人は K_t 単位の資本を所有していて，生産関数 f を用いて $f(K_t)$ 単位の財を生産することができる．資本は毎時 δ の割合で減耗する．個人は貯蓄を資本に充当し，資本は $K_{t+1}=(1-\delta)\cdot K_t+f(K_t)-C_t$ に従って変動する．

この個人は，資本の初期値 K_0 と，資本変動の方程式を制約として，効用の総和を最大化する問題を解く．この問題に対応する**ハミルトン関数**を

$$H=\sum_{t=0}^{\infty}[\beta^t \cdot u(C_t)+\lambda_t \cdot \{(1-\delta)\cdot K_t+f(K_t)-C_t-K_{t+1}\}]$$

とするとき，効用を最大にする解 $(C_t^*, K_t^*, \lambda_t^*)$ は，

(i) $\dfrac{\partial H}{\partial C_t}=0$，(ii) $\dfrac{\partial H}{\partial \lambda_t}=0$，(iii) $\dfrac{\partial H}{\partial K_{t+1}}=0$，(iv) $\lim_{t\to\infty}\lambda_t K_{t+1}=0$

を満たす．これを**ポントリャーギンの最大値原理**という．

ボックス7-5に、ポントリャーギンの与えた条件からオイラー方程式を導く手順を説明しています。ロケット工学、天文学、そしてマクロ経済学という異質な分野の出会いから生まれた美しい方程式です。じっくりとご覧ください。

これらの式を解析することにより、最貧国からスタートした経済の成長過程では、消費と資本が時間とともに増大することがわかります。ソロー・モデルと同様に、十分に時間が経過すれば、経済が定常状態に到達することもわかります。オイラー方程式系の分析には、多変数関数についてのテイラー展開や線形代数における**固有値**などの知識が要求されますので、マクロ経済学に興味のある人は、とくに線形代数をきっちり勉強してください。

ところで、冒頭で紹介したドキュメンタリー映画が公開された2004年当時のタンザニアにおける1人当たりGDPはわずか300ドルでした。そして、2017年現在の1人当たりGDPは900ドルまで成長しています(インフレの影響は取り除かれています)。その歩みは決して速いものではありませんが、しかし、彼の地でも確実に経済成長のサイクルが回りはじめているらしいのは、とても嬉しいことです。あの映画の中でインタヴューを受けていたすべての人たちが、いまも健康で幸せに暮らしていることを願うばかりです。

ボックス 7-5　オイラー方程式の導出

ハミルトン関数

$$H=\sum_{t=0}^{\infty}[\beta^t\cdot u(C_t)+\lambda_t\cdot\{(1-\delta)\cdot K_t+f(K_t)-C_t-K_{t+1}\}]$$

に関する一階の条件を実際に計算してみれば，

$$\frac{\partial H}{\partial C_t}=\beta^t\cdot u'(C_t)-\lambda_t=0,$$

$$\frac{\partial H}{\partial \lambda_t}=(1-\delta)\cdot K_t+f(K_t)-C_t-K_{t+1}=0,$$

$$\frac{\partial H}{\partial K_{t+1}}=-\lambda_t+\lambda_{t+1}\cdot\{1-\delta+f'(K_{t+1})\}=0,$$

$$\lim_{t\to\infty}\lambda_t K_{t+1}=0$$

を得る．これを整理すれば，

$$K_{t+1}=(1-\delta)\cdot K_t+f(K_t)-C_t,$$

$$u'(C_t)=\beta\cdot\{1-\delta+f'(K_{t+1})\}\cdot u'(C_{t+1}),$$

$$\lim_{t\to\infty}\beta^t\cdot u'(C_t)K_{t+1}=0$$

という 3 つの条件式が得られる．

第 1 式は今期の資本と貯蓄 (K_t, C_t) によって来期の資本 K_{t+1} が決定されることを示しており，これは本質的にはソロー・モデルと同じものである．第 2 式は**オイラー方程式**であり，来期の資本と消費 (K_{t+1}, C_{t+1}) に基づいて今期の消費 C_t が決定されることを示している．第 3 式は**横断性条件**と呼ばれるもので，遠い将来において資本水準が爆発的に増加しないことを意味している．

第8章 動的計画法

失業者は関数方程式を解く

職探しをしている失業者の行動を「動的計画法」によって分析します．彼が就職を決意するために必要な条件は何でしょうか．また，最先端の経済学と物理学の類似点と相違点が明らかになるでしょう．キーワードは「期待」です．

1　自発的失業の理論

経済学における「期待」

最適成長モデルに現れたオイラー方程式は、将来の経済状態を予想したうえで現在の行動を決めるというものでした。マクロ経済学には、このように将来が現在を決定するという、時間の逆転した因果関係がよく現れます。

たとえば、人々の所得が何に依存して決まるかといえば、それは自分たちが働く企業の業績です。企業の業績は人々がどれだけ消費するかで決まります。人々は消費をするにあたって、将来の自分の所得や景気動向を予測します。つまり、景気が良くなって給料が上がると予測できるなら、人々は今日からお金を使いはじめ、その結果として所得が増加するのです。

経済学では、人々が将来に対して抱く予想のことを**期待**と呼びます。期待はあくまでも中立的な予想であって、「将来に何か良いことが起こるぞ」みたいなポジティブなニュアンスはありません。したがってマクロ経済学では、「期待インフレ率」とか「期待される失業率」のような、通常ではあり得ない「期待」が頻出します。

失業と期待

マクロ経済学の最終目標は、景気を良くすることでも株価を上げることでもなく、自発的ではない失業を世界から消滅させることです。失業こそはマクロ経済学における絶対悪であり、すべてのマクロ経済政策は、究極的には失業率を少しでも下げることを目指しています。

そして、失業の理論においても、期待が重大な働きをします。

たとえば、ある失業者の目の前に新しい職を提示したとき、彼がすぐにその仕事を選んで就職するかといえば、そうとは限りません。目の前の職から得られる賃金や、職場への通いやすさや、福利厚生の充実などを検討して、それよりもっと良い仕事がありそうだと考えるなら、彼はその職を蹴って失業状態を続けるでしょう。

つまり失業者も、近い将来の就職市場についての期待に基づいて現在の行動を決定しています。そして、彼が明るい期待を抱くほど、彼の失業状態は長く続くことになるのです。これ、ちょっと逆説的で面白いですよね。

さらに言えば、このシナリオでは、失業者は自らの意思に基づいて失業状態を続けています。あくまでもモデルの設定下での話ですが、この失業者は好きで失業しています。「働いたら負けだ」と思っているのです。

このように、失業のなかには、失業者が自ら選んだ結果としての「望ましい」失業状態もあります。これを**自発的失業**といいます。自発的失業の解消はマクロ経済学の政策目標には含まれておらず、本人が望んだわけではない**非自発的失業**だけが撲滅の対象になっています。

自発的失業の理論

ボックス8-1に、自発的失業を分析するための数学モデルを解説しました。このモデルは経済学では**サーチ・モデル**とも呼ばれていますが、これは数学では最適停止問題と呼ばれているものの一種です。

最適停止問題とは、現在続けている「ギャンブル」からいつ降りるかを決定するための確率理論です。たとえば、みなさんがカジノにいるとしましょう。そして、参加費が1回5000円のギャンブルに参加しているとします。そろそろ当たりが出そうなのですが、参加費が高いのであまり長くも続けられません。さあ、あと何回ルーレットを回そうか？　これが最適停止問題の一例です。

資格試験にあと何回挑戦するかとか、現在持っている株式をどのタイミングで売却するかとか、この手の問題はすべて最適停止問題として分析できます。そのうちの一つが、自発的失業

ボックス 8-1　自発的失業のモデル

失業者が職業安定所を訪れる．窓口の係員はランダムに仕事を選んで失業者に提案する．仕事の賃金 w は確率分布 F に従う確率変数であるとする．

失業者がその仕事を選んで就職すれば，利子率を r とするとき，彼の生涯所得の現在価値は

$$w+\frac{w}{1+r}+\frac{w}{(1+r)^2}+\cdots=\frac{1+r}{r}w$$

である．

失業者は，その職を断って，失業保険 c を受け取ることもできる．彼は次の日にも職業安定所を訪れ，賃金 w' を支払う新たな職の提案を受ける．

賃金 w の職を提案されたときに，失業者が最も賢明な判断を下すことによって得られる生涯所得の最大値を $V(w)$ と書くことにするなら，V は

$$V(w)=\max\left\{\frac{1+r}{r}w,\quad c+\frac{1}{1+r}\int_0^B V(w')\ dF(w')\right\}$$

を満たす．これを自発的失業モデルの**ベルマン方程式**という．ただし $\max\{\quad\}$ は，与えられた 2 つの数のうち大きいほうを返す関数である．B は所得の最大値を意味する．

をいつまで続けるか、という問題なのです。

職探し中の失業者は、十分に高い賃金が得られる職が見つかった時点で自発的失業を止めます。この「十分に高い」というのがポイントで、これは失業保険の金額よりもずっと高い必要があります。これ以上職探しを粘っても、これより条件のいい仕事は見つからないだろうな、と納得するのに十分な金額でなくてはいけません。

このように、失業の継続を諦めてもよいくらいに高い賃金水準を**留保賃金**といいます。イメージが湧きにくければ、話を結婚相手探しに置き換えてみましょう。つまり、「この人と結婚してもいい、もう独身を諦めてもいい」と思えるだけの最低限の魅力が留保賃金です。自発的失業の理論モデルを解析すれば、留保賃金の値を求めることが可能になります。

ところで、自発的失業の理論と同じ構造は**ファイナンス理論**にも現れます。たとえば、コール・オプションを保有している投資家は、「ここまで株価が上がったならば、オプションを行使してもよい」と考えます。その意思決定に用いるモデルは、自発的失業のモデルと数学的によく似たものになるのです。職探し中の失業者とウォール街の機関投資家が、似たような数学モデルを使って意思決定をしているというのは本当に面白いことです。

2　繰り返し代入法

ベルマン方程式

ボックス８－１で解説した自発的失業のモデルには、**ベルマン方程式**という名前の関数方程式が現れています。一般に、両辺に未知の変数 x を含む式を方程式といいます。これに対して両辺に未知関数を含む式を**関数方程式**といいます。ベルマン方程式はその一つです。これ以外にも差分方程式や微分方程式などが関数方程式に含まれます。また、ベルマン方程式を用いて最適化問題を解く方法は、**動的計画法**と呼ばれます。

ベルマン方程式は、正式名称をハミルトン・ヤコビ・ベルマン方程式といいます。これは、19世紀の大数学者ハミルトンとヤコビの２人が古典力学の問題を解くために開発したハミルトン・ヤコビ方程式を、20世紀アメリカの応用数学者リチャード・ベルマンが拡張したものです。

このように、現代的なマクロ経済学には物理学の分析手法が多く現れますが、これはどちらの学問領域も、目的関数を最適化しつつ時間とともに変動する変数の動きを追跡する学問であるから自然なことです。物理学とマクロ経済学の違いを挙げるなら、物理学の分析対象は過去から未来へ流れる時間のなかで活動しているのに対して、マクロ経済学の分析対象は未来を予想して現在の動きを決める、逆行した時間のなかで意思決定を行うことです。この点で、マクロ経済学のほうが物理学よりも「難しい」問題を解いていると言えます。ふふん。

繰り返し代入法

関数方程式を解く方法にはさまざまなものがありますが、そのなかでも自発的失業モデルのベルマン方程式を解くのは簡単です。ベルマン方程式の右辺に適当な初期関数を代入し、出てきた結果をまた代入し、代入を繰り返しても変化がなくなるまで延々と代入をし続けるだけなのです。もちろん、こんな作業は手計算ではできませんので、通常はコンピュータ上の数値計算によって実行します。マクロ経済学のモデルの多くは複雑怪奇な関数方程式として与えられます。手計算で解けるものなんて皆無ですので、最先端のマクロ経済学を勉強したい人は、プログラミングの勉強もしましょう。

ボックス8-2に、繰り返し代入法によってベルマン方程式を解く手順を解説しています。これによって留保賃金がわかれば、失業率全体のうちどれくらいが自発的失業によるものなのかがわかります。こうして、間接的ながらマクロ経済学にとって不倶戴天の敵である非自発的

ボックス8-2　繰り返し代入法

自発的失業モデルにおけるベルマン方程式の解を見出すには，以下の手順を踏めばよい．

まず，適当な関数を選んで，それを $V_0(w)$ とする．選んだ V_0 をベルマン方程式の右辺に代入して，

$$V_1(w) = \max\left\{\frac{1+r}{r}w,\quad c+\frac{1}{1+r}\int_0^B V_0(w')\,dF(w')\right\}$$

を計算する．得られた $V_1(w)$ を再びベルマン方程式の右辺に代入して $V_2(w)$ を計算する．以後，これを繰り返す．

代入を繰り返すと関数の変化が小さくなりはじめ，最終的には $V^*(w)$ から変化しなくなる．この $V^*(w)$ が方程式の解になる．

解 $V^*(w)$ のグラフを図示すると下のようになる．このグラフの屈曲点となる賃金水準が留保賃金である．

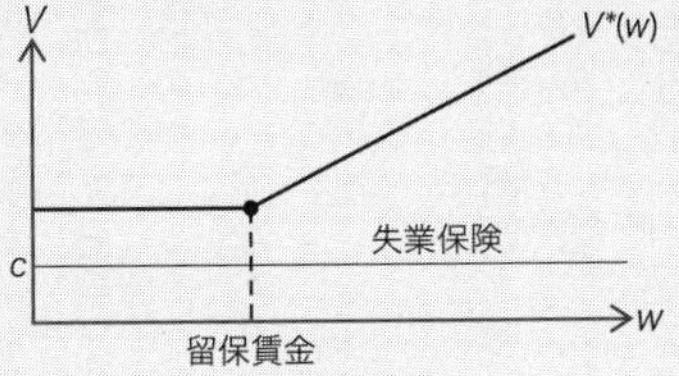

失業の大きさが明らかになるのです。

繰り返し計算の収束

数値計算によって繰り返し代入することでベルマン方程式の解が得られることはわかりました。しかし、この方法が有効であるのは、繰り返し計算がちゃんと終了するときだけです。何度繰り返しても計算が終わらないなんてことは起こらないのでしょうか？

ベルマン方程式で記述される多くの経済モデルでは、その心配はありません。とくに自発的失業のモデルの場合であれば、利子率が正であるかぎり、繰り返し計算は速やかに収束します。だいたい10回も代入を繰り返せば解が得られます。

繰り返し計算の収束性を分析するための数学的な方法は**関数解析**と呼ばれています。関数解析は無限次元空間における幾何学を分析するための学問であり、線形代数の上級版に相当します。関数列の収束を論じるにあたっては、通常の数列の収束性を判定するために用いたイプシロン・デルタ論法が多用されます。したがって、微積分と線形代数が合体したような分野が関数解析です。関数解析は、数値計算法のための基礎理論でもあります。もし余裕があるならば、ぜひ勉強してほしい分野です。

さて、以上により、本書『経済数学入門の入門』はおしまいです。経済学部の1年生が学ぶ微分の基礎から始めて、大学院の修士課程で出会う動的計画法に至るまでを概観することができました。現代の経済学が、意外と高級で広範囲に及ぶ数学を本格的に使っていることがおわかりいただけたでしょうか。

本書でカバーした内容をすべて身に付けるには、そこそこ長い時間とそれなりの努力が必要になります。微分計算、イプシロン・デルタ論法、線形代数にラグランジュ未定乗数決定法と、要所要所に難敵が控える困難な旅路になるかもしれません。

けれども、難所を1つ越えるたびに、目の前には美しい数学の景色が広がることでしょう。それと同時に、さらに面白くて深みのある経済分析まで行えるようになるのが経済数学のいいところです。いわば一粒で二度おいしいのが経済数学の勉強なのですから、道中の風景を楽しみながら頑張ってくださいね。

読書案内

●数学の本との相性

これから本格的に経済数学を学び始めるみなさんに向けて、役に立ちそうな本を紹介したいと思いますが、そのまえに、ひとつだけご注意いただきたいことがあります。

数学というものは「唯一不変の真理」を探求するものでありますから、そのテキストは誰が書いても同じようになると思われるかもしれません。しかし実際には、小説や漫画と同じくらいに、数学のテキストにも書き手の趣味と価値観を反映したバラエティがあるものなのです。

微積分学の入門書にも、その内容には厳密な論理展開を重視するものから直観的な理解を大切にするものまで、またその書きぶりには格調高い語り口のものから親しみやすく砕けた雰囲気のものまで、じつにさまざまな性格があります。まったく同じ概念の定義でも、テキストによってさまざまなやり方があり、同じ定理の証明方法だって何通りもあるのです。

というわけで、これから紹介する本にもいろいろ個性があり、みなさんとの相性が必ずしもよいものとは限りません。実際に手に取って何ページかを繰ってみて、自分にとって読みやすいものか、好みに合ったものかどうかを確認してから読みましょう。

●入門レベルのテキスト

さて、至極当たり前のことをいうようですが、経済数学の勉強をするには、まずは「経済数学」という言葉をタイトルに含むテキストから学び始めるのが効率的です。同じ数学であることには変わりないのだからと、数学者が数学科の学生向けに書いたテキストから学び始めるのは、その志はよいとしても、経済学ではあまり用いない内容の学習にも多くの時間が割かれてしまうため、入門レベルではお薦めできる方法ではありません。

そういった点からも、本書の次に読むべき経済数学のテキストとしてお薦めしたいのは、**尾山大輔・安田洋祐編著『改訂版 経済学で出る数学 高校数学からきちんと攻める』日本評論社、2013年**です。とくに高校まではいわゆる「文系」であったという人には好適だと思います。経済学によく現れる計算例が豊富に取り上げられており、またテキストに対応する問題集も出ていますので併せて利用してください。数学は実技科目ですので、実際に手を動かして繰り返し計算することが大切です。

もっと基礎的なところから復習したいという方は、たとえば、**丹野忠晋著『経済数学入門**

初歩から一歩ずつ』日本評論社、2017年から始めてみてはいかがでしょう。経済数学入門を学ぶために必要となる中学・高校の数学から復習しようという趣旨のフレンドリーなテキストです。ただし、この本を学んだだけでは、中級以上の経済学を理解するにはつらいところがありますので、あくまでも導入レベルの最初に読む一冊であると心得ましょう。

逆に、高校まではいわゆる「理系」で、数学にはある程度の自信があるという向きには、**A・C・チャン、K・ウエインライト著『現代経済学の数学基礎(上・下)』シーエーピー出版、2010年**をお薦めします。定評のある教科書で、これを読めば大学院までは数学に困ることはないでしょう。とくに下巻では、日本語のテキストの少ない動学的最適化についても説明がなされています。幅広い読者層が意識されて書かれていますので、決して難解ではありません。数学がすごく苦手というわけでないなら、ぜひ手に取ってみてください。

●本格的なテキスト

以上でお薦めした3冊は、いわゆる「ユーザーズ・マニュアル」的な性格のテキストで、直観的な説明を交えながら、経済学のための数学を自由に使えるようになるための本です。経済学を学ぶ多くのみなさんにとっては、これで十分なはずです。

しかしながら、定理の単なる使用法より、むしろ定理の背景にある厳密な論理展開に触れてみたいのだという学究肌のみなさんや、あるいは数理経済学やゲーム理論などの分野の研究者を目指すのだという奇特な方には、数学の「ユーザー」ではなく「メーカー」となるための訓練が必要になります。

そういうごく少数のみなさんには、本職の数学者によって書かれた、**小山昭雄著「経済数学教室(全9巻)」岩波書店、2010年**をお薦めします。私もこの本で初めて本格的に経済数学を学びましたので、個人的にも思い入れのある本です。いわゆる「定義→定理→証明」の数学書スタイルにより、線形代数の基礎的なところから始まって、ラグランジュの未定乗数決定法などの各種の最適化はもちろん、位相集合論、微分方程式と差分方程式、動学的最適化や動的計画法、測度論的確率論に至るまで、経済学を学ぶのに必要となるすべての数学が懇切に証明付きで説明されています。

しかし、たとえ研究者を目指しているような人であっても、多くの人にとって、この本は経済数学を初めて学ぶために読むべき本ではありません。まずはもっと入門的な本を使って、ラグランジュの未定乗数決定法までの微分計算と線形代数の基礎を身に付けてから挑戦するようにしてください。また、少々数学が得意でも、全9巻を独力で読み切るには非常に長い時間が掛かると思います。したがって、たとえば他のテキストで微分の基礎を学ぶことにして、ミクロ経済学やゲーム理論を学ぶために第3巻・第4巻(『線型代数と位相』)だけをじっくり読むとか、現代的なマクロ経済学のために第7巻・第8巻(『ダイナミック・システム』)に挑戦するとか、部分的な活用も大変お薦めです。

●経済学の教科書で数学をまなぶ

経済数学の入門書の最初の一冊を学び終えたら、そのまま次の経済数学のテキストを読むのではなくて、数学を多めに使っている経済学の中級書を読みましょう。経済数学は腕立て伏せのようなものです。腕立て伏せばかりやってもスポーツは上達しないように、経済数学を勉強しているだけでは経済学は理解できません。経済学をより深く理解するためにあるのが経済数学なのですから、使ってみないともったいないです。また、経済学の分析に実際に使ってみることで、数学の理解がより深まる効果もあります。

そういう視点からお薦めしたいのは、和書のなかでは、**西村和雄著『ミクロ経済学』東洋経済新報社、1990年**です。この本は、数学をフルに使って書かれたミクロ経済学の教科書であり、大学院を受験するための参考書としても、長年高く評価され続けている一冊です。数学と経済学両方についてある程度のレベルが求められるため、初学者向けではありません。A・C・チャンなどで標準的な経済数学の勉強を終えた学部3年生くらいが腕試しのつもりで読むとちょうどよいと思います。数学は使えば使うほど得意になるものですから、こういうテキストでどんどん腕力を鍛えましょう。

もっと数学のやさしい本を使って腕試しをしてみたければ、**井堀利宏著『経済学部は理系である⁉』オーム社、2017年**がお薦めです。著者は日本を代表する高名な財政学者なのですが、そんな先生がこんなにも素敵な入門書を書いてくださるとは感激です。高校程度の数学を積極的に使って、初級〜中級レベルの経済理論をテンポよく解説しています。内生的成長モデルや実物的景気循環理論のような、入門レベルではあまり触れられることのない高度なトピックもわかりやすく解説されています。数学が好きな高校生なら今すぐにでも読み始めることができますよ。

数学がわかるようになれば、英語のテキストも簡単に読めるようになります。とくに、海外の分厚いテキストの巻末には懇切な数学付録があり、これが経済学を知るために必要十分な知識のサマリーになっていて、なかなか便利です。世界中の大学院生が読むことになっているグローバル・スタンダードな一冊としてお薦めできるのは、Andreu Mas-Colell, Michael Dennis Whinston, Jerry R. Green: ***Microeconomic Theory***, Oxford University Press, 1995（通称、MWG）です。説明が丁寧で網羅的ですので、基本的なところを漏れなくおさえるのに便利です。

とはいえ、書店や図書館でこの本を実際に手に取ったら、みなさんはきっと笑ってしまうに違いありません。なにしろMWGは、並の電話帳よりも大きくて厚くて重いのです。海外の教科書は説明が丁寧で、練習問題が多いかわりに巨大化する傾向がありますが、そのなかでもMWGは群を抜いて巨大です。なので、金銭的な余裕がある大学院生はこの本を2冊購入して、1冊は自宅に保管し、もう1冊はバラバラに分解して必要な章だけを持ち歩きます。

MWGは確かに巨大ですが、しかしサイズが大きい分、説明はとてもわかりやすいです。誰か和訳したらいいのに。でもそのときは、B5判で全8巻くらいに分けてくださいね。

なお、MWGの練習問題は、難易度に応じてABCにランク分けされています。高ランクの問題には、明確な解答のない、いわゆるオープン・プロブレムが多いですので、そのつもりでチャレンジしてください。

MWGと同じくらいわかりやすくて、かつもう少し物理的に小さな本がご希望であれば、Hal R. Varian: ***Microeconomic Analysis***, W. W. Norton & Co., Inc., 1992 はいかがでしょうか。本文の解説も素晴らしく、章末の練習問題も楽しいのですが、とくに26章・27章にまとめられた数学の解説はコンパクトで便利です。逆転の発想による多変数関数の二階の条件の覚え方は目からウロコでした。私の講義でも、この本での説明を遠慮なく使わせてもらっています。この本については日本語訳も出ています（佐藤隆三・三野和雄訳『ミクロ経済分析』勁草書房、1986年）。ただし、翻訳の元となった原著の版が古いのと、翻訳本も稀覯書とまでは言わないまでも手に入れにくくなっていますので、原書で読むほうがよかろうと思います。

●トピック別のテキスト

経済数学の全体を網羅するのではなくて、特定の狭い分野を掘り下げたい場合に便利なテキストも何冊か紹介しておきましょう。

本書ではあまり解説できなかった線形代数については、**サージ・ラング著『ラング線形代数学（上・下）』ちくま学芸文庫、2010年**がわかりやすいのでお薦めです。線形代数を単なる行列式の計算手法だと勘違いしている人や、微分は得意なのになぜか線形代数は苦手な人は、上巻だけでもいいので読みましょう。

そもそも線形代数とは、のっぺりとした集合に「演算」や「基底」などの構造を少しずつ付け足していくという、現代数学のミニチュア版のような数学です。線形代数で学ぶ知識そのものも非常に有用なのですが、現代数学の思考法に慣れておくことも、より高度な数学を学ぶ際に役立ちますので、食わず嫌いはしないようにしましょう。

実をいうと、経済学では、「余因子展開」とか「クラメールの公式」のような具体的な計算テクニックが必要になる場面は少ないのです。それよりも「一次独立」「基底」「部分空間」「固有空間」のような抽象度の高い概念を理解することのほうが大切ですので、勉強の力点の置き方には気をつけて。

なお、とくにマクロ経済学の理解のためには、この本の下巻で解説されている「固有ベクトル」「対角化」が欠かせない知識になりますので頑張りましょう。これらの知識は、経済の定常状態が安定的であるかどうかを判定する際に用いられます。

線形代数のうち、動学方程式の安定性に関わるところだけを手っ取り早く理解したいなら、**笠原晧司著『新微分方程式対話　新版(日評数学選書)』日本評論社、1995年**を強く強くお薦めします。タイトルにあるように微分方程式の本なのですが、線形代数を何に使うのか知りたい人向けの最高のテキストです。私もこの本を読んで、動学方程式の大域的安定性を示すための「リャプノフ関数」の方法や、「行列指数」の考え方を理解しましたが、そのときの感動はいまだに忘れられません。この本は数学書には珍しく、3人の学生と1人の教師による対話体で書かれています。この学生たちが揃いも揃って生意気で、教師を屁とも思っていないような態度であり、そんな彼らを相手に苦闘する教師の様子には同業者として涙を禁じ得ません。とてもユーモラスな数学的な読み物としてもお薦めの一冊です。

本書の6章でも触れた位相集合論に興味があるなら、**丸山徹著『経済数学』知泉書館、2002年**がイチ押しです。数理経済学者によって書かれた入門書で、ドヴリューの理論を理解するために必要な数学がすべて説明されています。本来は膨大な内容である位相集合論がコンパクトにまとめられてあり、経済学に必要なところだけを効率よく学ぶことができます。著者の丸山徹先生は私の恩師の一人であり、難しい数学を、厳密さを失わずにわかりやすく教えてくださる魅力的な講義をされる方で、その名講義を彷彿とさせる一冊です。

この分野で理解するべきワードは「距離空間」「開集合」「閉集合」「コンパクト集合」「凸集合」「連続写像」などです。また、位相集合論を学ぶには線形代数の知識が必要です。線形代数の分析対象である「ユークリッド空間」を数学的に抽象化したものが「位相空間」ですので、まずは「ユークリッド空間」についてある程度の理解が求められるわけです。

なお、タイトルに「位相」というワードを含む数学書は多くありますが、その大半は幾何学の一種である「位相幾何学」に関するものです。これはこれで大変面白い学問分野でありますが、いまのところ経済学との接点は少ないですので気をつけましょう。また、位相集合論は初学者にとっては無味乾燥で苦痛の多い分野です。細部にこだわらずに、大体のことがわかる程度で、なるべく速足で駆け抜けましょう。理解は後からついてきます。

最適制御や動的計画法などの動学的最適化理論のテキストとして丁度よい和書は少数です。先ほど紹介した**小山昭雄著『経済数学教室』第7・8巻**くらいかなあ。ただこれも、連続時間上の分析がメインであり、現在のマクロ経済学で主流の離散時間モデルの解説は十分ではありません。日本語で書かれた動学的最適化についてのテキストに対する需要は確実にあるはずなので、誰か良い入門書を書いてくれないかなあ。

洋書であれば、**Nancy L. Stokey, Robert E. Lucas, Jr.: *Recursive Methods in Economic Dynamics*, Harvard University Press, 1989** が大変良いテキストですが、数学のレベルと価格が高いので万人向けとは言い難いのが残念です。とはいえ、経済学への応用例が多数紹介されている素晴らしいテキストですから、実際に手に取ってみて、読めそうだと感じたら、ぜひチャレンジしてみてください。

●経済学と数学の歴史

偉大な経済学者たちの生涯に興味をもった人には、**ロバート・L・ハイルブローナー著『入門経済思想史　世俗の思想家たち』ちくま学芸文庫、2001年**をお薦めします。この本には、アダム・スミス、リカード、マルサス、ケインズ等々の大経済学者の逸話が満載で、大いに楽しめます。とくにソースタイン・ヴェブレンの奇行ぶりにはちょっと引くくらいです。また、各時代の社会状況が、その時代の経済学に与えた影響をわかりやすく説明してくれます。たとえば、アダム・スミス以前に「経済学」が存在せず、アダム・スミスが「最初の経済学者」となり得た理由が鮮やかに解き明かされたりするのです。

この本は、巷では「何十万もの疑いを知らない犠牲者を経済学の課程に誘い込んだ」罪深い一冊と呼ばれているそうです。この本のあまりの面白さに経済学を志した若者が、大学の門を潜るや微分計算に襲撃されて途方に暮れるというわけです。

ただしこの本、経済学における数学の利用には冷淡なきらいがあり、クールノーやワルラスにはほとんど触れられていないのは少し残念です。

数学者たちの生涯を扱った本は山ほどありますが、私の好みを押し付けるなら、**高木貞治《ていじ》著『近世数学史談』岩波文庫、1995年**です。著者は、かつては日本のすべての数学徒が教科書として読んだ『**解析概論**』**岩波書店、1943年**（現在の最新版は『定本 解析概論』岩波書店、2010年）の執筆者としても有名ですが、ドイツに留学してヒルベルトやクラインに学び、整数論の分野で世界的な業績を上げた日本を代表する数学者の一人です。

この本は、ガウス、ラグランジュ、アーベル、ガロアなどの大数学者たちの紹介はもちろん、エコール・ポリテクニークが作られるまでの経緯などにも触れていて興味深いのですが、扱われている数学がかなり高度で、しかも経済学とは接点のない数論の話題がほとんどですので、数学的に難しいところは適当に読み飛ばして面白いところだけ拾い読みましょう。とくに高木先生の留学体験記では、登場人物がすべて大数学者という贅沢なキャスティングが楽しめます。

この本に高木先生のそのまた師匠として登場するヒルベルトは、現代数学の形式主義を完成させた人物で、喩えて言うなら「20世紀数学の大ボス」です。第二次大戦前のゲッティンゲン大学を世界最高の数学研究機関に押し上げ、経済学では動的計画法などで用いられる関数解析の基礎理論を構築した偉大な人物でもあります。彼の生涯を通じて現代数学について知るなら、**C・リード著『ヒルベルト 現代数学の巨峰』岩波現代文庫、2010年**がいいですよ。こちらは数式もほとんどなく、気軽に読めます。

●プログラミング言語について

最後に、いずれは専門的に経済学を勉強しようという人向けに。

この本の8章でも触れたように、現代の経済学の計算は、その大部分がコンピュータに任されます。動的計画法の数値計算にはＭａｔｌａｂ（マトラボ）という技術計算言語が多く使われていますし、計量経済学などの実証分野ではＳｔａｔａ（スタータ）、Ｅｖｉｅｗｓ（イービューズ）、Ｒ（アール）などの統計処理言語が使われています。

それ以外の分野であっても、数式を多く含む学術論文やテキストを執筆するためには、数学的文書作成に特化した言語であるＬａＴｅＸ（「らてふ」と読みます）の使い方に習熟しなければなりません。

これらのプログラミング言語を習得するにあたっては、数学とはまた異なる頭の使い方が求められます。経済学の研究者になりたいとか、少なくとも大学院の修士課程までは進みたいと思っている人は、早いうちからコンピュータの使い方に慣れておいて、これらの計算言語を学んでおくことをお薦めします。

マニュアル本やテキストはたくさん出ています。コンピュータ関連の本は相性もあるので、本屋さんや図書館で実際にページを開いて、自分に合いそうな本を選ぶのが一番と思います。

おわりに

経済数学の教科書は、数学の教科書になってはいけない！
タイトルに「経済」が付いているかぎりは、経済学の本であるべきだ！

とあるイベントの席で、たまたま隣に座った初対面の方を相手に、そんな熱弁をふるったのが1年ほど前になります。その人が岩波新書の編集長であったために、この本を書く機会に恵まれました。最終的に冒頭の大言壮語が本書において少しでも実現されたとするならば、それは油断するとすぐに「普通の数学の教科書」を書き始めてしまう筆者の手綱をしっかり握って離さなかった岩波新書編集長の永沼浩一氏のお蔭です。氏からの厳しいダメ出しを何度も受けながら、改稿に改稿を重ねる執筆作業でしたが、それでも懐かしい昔の日々が思い出されるような、苦しくとも楽しい日々でした。

また本書では、学問の連続性を読者のみなさんに感じてもらうために、できるかぎり多くの経済学者のエピソードを紹介するよう心がけました。経済学史の専門家として原稿の誤りを正してくださった、早稲田大学政治経済学術院の若田部昌澄教授には深く感謝いたします。また、早稲田大学政治経済学部の瀬口伸一郎君にも、文章表現から計算ミスに至る大小無数の誤りを指摘していただきました。それでも残っている誤りについては、すべて筆者の責任に帰するものです。

本書は分量も解説も薄い入門の入門です。じつにささやかな一冊ではありますが、それでも、クールノーから現在に至る数理経済学の歴史と、そしてそれを受け継いできた師から弟子への無数のリレーが生み出した一冊でもあります。そのリレーに関わったすべての方々に心からの謝辞を述べ、筆をおきたく思います。

田中久稔

２０１８年１月

田中久稔

1974年福岡県生まれ．1997年早稲田大学政治経済学部経済学科卒業，早稲田大学大学院経済学研究科博士後期課程単位取得退学，ウィスコンシン大学マディソン校 Ph. D. 早稲田大学政治経済学術院助手を経て
現在ー早稲田大学政治経済学術院准教授
専攻ー計量経済学，理論経済学
著書ー『経済学入門 第3版』(東洋経済新報社，2015)若田部昌澄・金子昭彦との共著，『Rによる実証分析』(オーム社，2016)星野匡郎との共著

経済数学入門の入門　　岩波新書(新赤版)1707

2018年2月20日　第1刷発行
2024年5月24日　第5刷発行

著　者　田中久稔《たなかひさとし》

発行者　坂本政謙

発行所　株式会社 岩波書店
〒101-8002 東京都千代田区一ツ橋 2-5-5
案内 03-5210-4000　営業部 03-5210-4111
https://www.iwanami.co.jp/

新書編集部 03-5210-4054
https://www.iwanami.co.jp/sin/

印刷・精興社　カバー・半七印刷　製本・中永製本

ISBN 978-4-00-431707-4　　Printed in Japan

岩波新書新赤版一〇〇〇点に際して

ひとつの時代が終わったと言われて久しい。だが、その先にいかなる時代を展望するのか、私たちはその輪郭すら描きえていない。二〇世紀から持ち越した課題の多くは、未だ解決の緒を見つけることのできないままであり、二一世紀が新たに招きよせた問題も少なくない。グローバル資本主義の浸透、憎悪の連鎖、暴力の応酬――世界は混沌として深い不安の只中にある。

現代社会においては変化が常態となり、速さと新しさに絶対的な価値が与えられた。消費社会の深化と情報技術の革命は、種々の境界を無くし、人々の生活やコミュニケーションの様式を根底から変容させてきた。ライフスタイルは多様化し、一面では個人の生き方をそれぞれが選びとる時代が始まっている。同時に、新たな格差が生まれ、様々な次元での亀裂や分断が深まっている。社会や歴史に対する意識が揺らぎ、普遍的な理念に対する根本的な懐疑や、現実を変えることへの無力感がひそかに根を張りつつある。そして生きることに誰もが困難を覚える時代が到来している。

しかし、日常生活のそれぞれの場で、自由と民主主義を獲得し実践することを通じて、私たち自身がそうした閉塞を乗り超え、希望の時代の幕開けを告げてゆくことは不可能ではあるまい。そのために、いま求められていること――それは、個と個の間で開かれた対話を積み重ねながら、人間らしく生きることの条件について一人ひとりが粘り強く思考することではないか。その営みの糧となるものが、教養に外ならないと私たちは考える。歴史とは何か、よく生きるとはいかなることか、世界そして人間はどこへ向かうべきなのか――こうした根源的な問いとの格闘が、文化と知の厚みを作り出し、個人と社会を支える基盤としての教養となった。まさにそのような教養への道案内こそ、岩波新書が創刊以来、追求してきたことである。

岩波新書は、日中戦争下の一九三八年一一月に赤版として創刊された。創刊の辞は、道義の精神に則らない日本の行動を憂慮し、批判的精神と良心的行動の欠如を戒めつつ、現代人の現代的教養を刊行の目的とする、と謳っている。以後、青版、黄版、新赤版と装いを改めながら、合計二五〇〇点余りを世に問うてきた。そして、いままた新赤版が一〇〇〇点を迎えたのを機に、人間の理性と良心への信頼を再確認し、それに裏打ちされた文化を培っていく決意を込めて、新しい装丁のもとに再出発したいと思う。一冊一冊から吹き出す新風が一人でも多くの読者の許に届くこと、そして希望ある時代への想像力を豊かにかき立てることを切に願う。

（二〇〇六年四月）